인생은 만남에서 길동무로
세상에 이런 일이

조영숙 CHO YOUNG SOOK

- 경기여자 중·고등학교 졸업.
- 이화여자대학교 음악대학 성악과 졸업.
- 전 문성여자 중·고등학교 교사.
- 전 이천 양정여자 중·고등학교 교사.
- 전 포항실업전문대학 보육과 음악강사.
- 독창회 2회 세종문화회관 소강당.
- 국제펜클럽 회원, 한국문인협회 회원, 한국수필학회 회원.
- 수필집 『미완성교향곡』, 『봄의 소리 왈츠』, 『별은 빛나건만』, 『마왕』, 『사계』, 『새 생명, 기적』, 『오 나의 태양』, 『만남』, 『인생은 만남에서 길동무로』
- E-mail : cho213311@naver.com

- **신승민** : TID 수학학원 원장, 서울대학교미래멘토단 자문위원, 진로코칭 지도사, 수학교육연구원

인쇄일·2025. 10. 15.
발행일·2025. 10. 20.
지은이·조영숙
펴낸이·이형식

펴낸곳 | 도서출판 문학관
등록일자 | 1988. 1. 11
등록번호 | 제10-184호
주 소 | 04091 서울시 마포구 토정로 214 1층
전 화 | (02)718-6810, (02)717-0840
팩 스 | (02)706-2225
E-mail | mhkbook@hanmail.net

copyright ⓒ 조영숙 2025
copyright ⓒ munhakkwan. Inc. 2025 Printed in Korea

책값·15,000원

ISBN 978-89-7077-675-0   03810

이 책의 저작권은 저자와 도서출판 문학관이 소유합니다.
한국 내에서 보호를 받는 저작물이므로 무단 전재와 무단 복제를 금합니다.
※ 파본은 바꿔드립니다.

조영숙·신승민의 시와 음악이 흐르는 에세이

인생은 만남에서 길동무로
세상에 이런 일이

작가 자녀들 어린 시절 모습

| Prologue |

독자 여러분 사랑합니다.

삶의 여정에서 우리는 매일 반복되는 생활 속에서 새로운 시작과 마무리를 하며 살고 있습니다. 각자의 삶을 성실히 해 내면서, 인생이라는 파도를 즐기며 살지만, 때로는 심한 광풍을 만나기도 하며, 시간이라는 흐름을 타고 쉼없이 흘러갑니다.

저도 그렇게 흘러왔고 흘러갈 것입니다.

저의 삶은 평생 찬양과 글쓰기로 주께서 주신 직분을 성실하게 쉬지 않고 열심히 달려왔습니다. 현재도 지속적으로 진행 중입니다. 그런데 지난해 늦은 가을 믿을 수 없는 일이 제 앞에 다가왔습니다.

TV에서 가끔 보는 '세상에 이런 일이'라는 프로그램 같은 일들이 현실로 다가와 놀란 마음 참지 못하고 몇 편의 글을 이 책에 옮깁니다.

저의 삶을 주관하여 주시고, 매 순간 건승健勝할 수 있도록 이끌어 주신 주님께 감사드립니다.

2025년 가을, 조영숙

| 차 례 |

4　Prologue

제1장 미술 전시회

- 13　가을 찬양제
- 15　심방 예배
- 18　길동무
- 21　이느 날 주님께시
- 24　철부지 두 작가
- 26　자전거로 출근하던 날
- 29　민아! 넌 누구이길래
- 31　미술 전시회
- 36　나의 인생은

제2장 행복한 눈물

- 41 철들지 마세요
- 43 오늘도 순희는
- 46 행복한 눈물
- 47 나의 눈
- 48 민이와의 대화
- 49 내 성격은 이상하다
- 51 음악회에 초대받은 나
- 54 제3회 영아뜰리에 홀
- 57 달라진 내 친구 그린아
- 60 올케와 복둥이 막내

제3장 만남과 헤어짐 속에

- 67 가을과 겨울 사이
- 69 행복과 불행
- 72 설레는 마음
- 73 약속
- 75 목사님 감사합니다
- 77 만남과 헤어짐 속에서
- 79 까마득한 옛 추억으로
- 81 삼인방
- 84 초청 음악회

제4장 지혜의 나무

- 89 지혜 나무-2
- 91 4월 코스모스
- 93 우석 아빠
- 95 어느 학생의 편지
- 97 오늘은 막둥이 엄마의 생신입니다
- 102 감사感謝
- 104 용서容恕
- 109 리허설Rehearsal
- 111 행복 시작
- 113 사랑
- 117 25년 9월 14일 토요일 하루
- 122 나는 왜 찬양제와 글쓰기를 놓지 못하는 것일까
- 129 아이온케드로스콰이어 제6회 찬양제
- 132 사장님 만남은 빗소리

제5장 독창과 합창이 다르다

- 137 여호와를 송축하라_권득칠
- 144 영원한 '아이온케드로스콰이어'_임동진
- 146 독창과 합창이 다르다_이하준
- 149 예가교회 그날 이후_김용원
- 152 하나님의 은혜로 걸어온 새빛교회 10년의 여정_김용수
- 155 성령을 받으라_이은재
- 159 주님을 따를 수 있는가?_홍인철

- 176 Epilogue

제1장

미술 전시회

작가의 작품 사진

제5회 아이온케드로스콰이어 찬양제를 마치고(신촌교회)

가을 찬양제
— 우리는 왜 찬양하나요?

우리는 살면서 '왜'라는 질문 속에서 살고 있다.

오늘은 1934년생인 내가 '아이온케드로스콰이어 창단 후, 제5회 찬양제'를 은혜롭게 끝냈다. 귀가 후 단원들께 감사하다는 마음이 들었다. 91세 지휘자라는 호기심과 꾸준한 찬양제를 지속하고 있는 나의 열정에 주변의 목회자님들께서 용기를 주심에 신이 나서 찬양제를 하고 있다.

특히 주님께서 기뻐하심을 확신한다.

고문이신 임동진 목사님의 설교 말씀은 '시편 104편 1절

내 영혼아! 여호와를 송축하라 여호와 나의 하나님이여 주는 심히 위대하시며 존귀와 권위로 옷 입으셨나이다.'

목사님의 성경 말씀을 마음 깊이 새기며 '오직 주님께만 영광'이라고 외쳤다.

"주여! 오늘 가을 찬양제의 모든 순서를 오직 주님께만 영광 드립니다. 주여! 홀로 영광 받으소서!"

'신의 영광'으로 개막하고 할렐루야로 막을 내렸다. '앙코르'가 터져 나왔다. 나는 음악감독님이신 임학빈 지휘자님께 부탁해 '히브리 노예들'을 합창했다.

나는 귀가 후, 홀로 있는 둥지에서 외쳤다. '주여! 영육 강건함으로 찬양제를 무사히 마칠 수 있었음에 감사드립니다. 나의 자랑이 되지 않도록 내 입술을 지켜주소서!'

2024년 10월 13일 주일 저녁 7시 신촌교회

심방 예배

대심방

 평소 내 방은 악보와 원고로 좁은 바닥이 종이 카펫이 깔린 듯 발 디딜 데가 없다. 혹 누가 오면 급하게 정리한다.
 오늘은 대심방으로 이하준 담임목사님과 조은혁 3교구 목사님, 김영례 장로님, 서미희 권사님 그리고 김추광 장로님을 모셨다.

 성경 말씀은 신약 유다서 1:1절과 2절 말씀으로 은혜받았다.

김추광 장로님은 나와 같은 구역이 아니지만 모시게 되었다. 김추광 장로님이 아장아장 걸을 때부터 이웃에서 살았기에 그의 가족과 정이 들어서 모셨는데, 다른 목사님보다 50분 정도 미리 오셔서 〈타임머신 열차를 타고〉 과거로 돌아가 김추광 장로의 어린 시절 이야기를 하며 웃음꽃을 피웠다.

　성악을 전공한 김추광 장로의 형님인 김추성 목사와 나는 여러 번 중창도 했다. 김추광 장로의 부친도 목회하시다가 천국으로 이주하시고 모친 권사님은 2년 전에 천국으로 이주하셨다. 내가 존경하는 권사님이셨다.

〈생략〉

　오늘의 심방 예배와 친교 시간을 복되고 아름답게 마무리해 주님께 감사기도 하며 벽에 걸린 예수님 사진을 잠시 바라보았다.

　젊은 청년 신승민 학원장 초대

원룸이 깨끗하게 정리된 집에 이웃 청년을 초대하려고 문자를 보냈다. 청년의 대답은 "안녕하세요, 다행히 잠시 쉬는 시간에 문자를 보내셨네요. 오늘은 수업이 끝나고 귀가하면 12시나 될 것 같아요. 문자 주심을 감사합니다. 편안한 밤 되세요."

'나는 만에 하나 그 시간에 오실 수 있다면'이라는 가능성을 생각하며 문자를 보냈는데 시간이 허락지 않았나 보다.

이웃 청년과 약속은 다음 기회로 미루었다.

2025년 4월 10일 목요일 맑음

이하준 목사님, 김추광 장로님과 함께

길동무

사노라면 수많은 길동무가 스쳐 지나간다.
만남은 길고 짧은 시간의 차이일 뿐!
난 잊을 수 없는 길동무가 많다.

30분 길동무

평상시 지하철을 즐겨 타고 다닌다.

이유는 다양한 사람들의 모습에서 많은 것을 배운다.

오늘은 모처럼 딸 병원을 가기 위해 지하철을 탔는데, 갈아타는 곳이 아리송해 옆에 앉은 청년에게 물었다.

청년은 "어르신 걱정하지 마셔요 저도 천호역에서 내립니다"라고 한다. 나는 친절하게 답하는 청년의 음색이 너무 매력이 있어 "목소리가 참 좋네요 성악하시면 좋겠어요"라고 말했다.

청년은 "성악요" "전 음악 시간이 싫어서 중학교 때 자퇴하고 아버지 농사일을 도우며 살았어요" 한다.

그 젊은이의 이야기를 요약해 본다.

청년의 아버지는 아들의 행동에 말이 없고, 청년은 말 없는 아버지가 이상하다고 생각하며 묵묵히 지내는데, 어느 날 친구가 '음악 시간 없는 공고가 있다'라는 이야기를 들은 후, 검정고시로 중학교를 졸업했다. 그리고 그는 공고를 졸업한 후, 공장에 취직해 현재까지 열심히 살고 있고, 공장일이 적성에 맞아 행복하다며 아버지가 무심히 지켜보신 이유를 말했다. 아버지는 스스로의 선택을 칭찬하시며 한 말씀 하셨어요.

'장하다 내 아들아'라고요.

* 무조건 밀어붙이는 부모님들이 계신다면, 이 실화를 참고하세요.*

故 이어령 장관님과 함께

어느 날 주님께서

세월을 잊고, 열정과 감사로 살아가는 여인에게
복둥이 아들을 안겨주셨다.
거부할 수 없는 여인을 꼭 닮은 복둥이를!

여인은 어디에서 살다가 이제 왔을까?
아들도 같은 생각을 하며 여인을 따른다.

여인의 마음은 어느새
독수리 날개 타고 하늘을 날며
복둥아 사랑한다.

광야를 헤매던 복동이
엄마! 나랑 같이 가.

여인은 주님이 안겨주신 아들 안고
북극 오로라 강둑에 앉아
이야기꽃을 피운다.

복동아! 너랑 엄마랑, 어쩜 그렇게 꼭 닮았니!
여인과 복동이는 두 손 잡고
행복한 눈물을 흘린다.
2025년 5월 16일 금요일 비 내림

작가의 작품 사진

철부지 두 작가

조영숙 작가님 안녕하세요.

저는 학교 다닐 때 문학은 저에게 감정을 강요했기에 조금 멀리 두었습니다. 20대에는 시도 모르는 녀석이 수학을 가르쳐야 할 시간에 시집을 들고 읽어주던, 정말 엉터리 선생이었고 지금은 철부지입니다.

가슴이 뛰어 40을 지나 50을 조금 넘은 새벽에 작가님 책을 읽고 가슴이 뛰고 조금은 설레는 연애도 했습니다.

나는 젊은이의 글을 받아보고 깜짝 놀랐다.

나중에 안 일이지만, 연애 상대는 내 수필집을 상징적으로 표현한 것 같았다.

 나는 단숨에 신승민 학원장님을 작가라고 칭했다.

 그리고 답장을 썼다.

 "제 글을 읽으시고 칭찬해 주시니 감사합니다. 그리고 철부지라고 하셨는데, 고목인 저도 철부지입니다."

작가의 작품 사진

자전거로 출근하던 날
– 신승민

수년을 자동차로 출근했던 길
처음으로 자전거로 출근하는 길에서

얼굴에 스치는
봄바람이 있었고
여기저기 사람도 보였다
횡단보도에서
곱게 다듬은 실파 한 단
봉지 한 가득 봄향 가득한 나물도 샀다.
입에는 설탕 듬뿍 묻힌

단팥빵을 오물오물

보도블록 사이를 분주히 움직이는 개미들
아스팔트 사이를 비집고 나와 핀 이름 모를 꽃
엄마의 등에 업혀
아이스크림을 먹는 아가의 모습
거리는 온통 살아 있었다

고개를 들어 보니 하늘이 있었다
어제도 오늘도 있었을 하늘이 보였다

차창 유리를 닫고 달렸던
차창 밖의 세상은
차와 신호등만 보이던 벙어리 거리가

자전거 안장에서는
서로가
옹기종기 모여
재잘재잘

속닥속닥

살아 굼틀굼틀 대는

세상이 보였다.

아들 복둥이, 자건거로 출근하는 모습

민아! 넌 누구이길래

그 여인은 오늘도 감격해 에스프레소 커피잔 세트를 보며,
민이의 말을 곱씹어본다.
"엄마! 엄마가 기뻐하는 것은 무엇이든지 사드릴게요."
여인은 속으로 말한다. '도대체, 넌 누구길래?'
고령의 여인을 도우라고 주님이 보내신 천사인가!

작가 에스프레소 수집 찻잔

미술 전시회
– 세상에 이런 일이

 어느 날 민이(복둥이)가 탁구 동호회에서 만난 장로님과 그의 아내 이영신 화백(미술가)을 알게 된 후 친하게 지내는 길동무가 되었단다. 그 후에 내 수필집 『만남』을 드렸는데, 나를 좋게 보셨는지 궁금해 하신다고 했다.

 민이는 "엄마 이영신 화가님이 아트홀에서 미술 전시회를 여시니 시간 되실 때 같이 가요" 한다. 나는 약속을 하고 그날을 기다렸다. 그런데 화가님 댁이 상喪을 당해 지난 주말까지만 전시회를 열고 철수했다고 한다. 나는 당연하다고 생각하고 약속을 포기했다.

그런데 7월 6일 밤 민이는 "내일 그림 전시회에 가요" 하며 갑작스럽게 약속을 했다. 나는 어안이 벙벙해 잠시 생각에 잠겼다가 기쁜 마음으로 민이 차를 타고 오전 10시경 그림 전시회에 도착했다. 그런데 관람객은 아무도 없고 몇 분의 행사 책임자만 계셨다.

화가님은 부군 장로님과 또 다른 두 분을 나에게 소개한 다음 가까이 오시더니 환하게 웃으시며 "반갑습니다"라며 친절히 대하셨다. 나는 인사를 나눈 후, 화가에게 그림 설명을 들으며 다양한 그림 세계에 빠져들었다.

《그 순간 꿈의 세계가 타임머신 열차를 타고 고교 시절로 달려갔다. 미술 선생님께서 "조영숙 넌 미술에 소질이 있어, 미대를 가도록 해."》

1분도 안 되는 시간 열차는 다시 현재로 돌아오고 작가의 대작은 감동이었다.
내가 인상 깊었던 작품은 싱푸른 초록빛 풍경이다. 익어가는 초록빛 풍경을 보면 언제나 힘이 솟는다.

잠시 그림에 빠진 사이 화가님은 민이와 알게 된 동기를 물었다. 나는 민이와의 관계를 상세히 말씀 드렸으며 '주께서 연결 통로를 만들어 주어 행복한 시간을 보내고 있다는 말씀도 전했다.'

《'세상에 이런 일이'라는 실화가 이루어진 것이라고 마음속으로 설명해 드렸다.》

그림 작품 전시회 시간은 1시간 20분 정도 흘러갔다. 그리고 작품들을 하나씩 정리를 한다. 나는 놀라서 민이에게 물었다. 민이는 "엄마! 오늘은 엄마 한 분을 위해 전시회를 여셨어요"라고 한다.

나는 할 말을 잃고 울음을 삼켰다. 나는 또 마음속으로 주님과 대화를 나누었다.

'주님 제가 무엇이길래 전시회를 며칠 전 마쳤다가 다시 약 2시간을 한 사람을 위해 이렇게까지 호의를 베풀었을까?'

'세상에 이런 일이' 또 '나에게'라는 생각을 하며 '주님이 얼마나 나를 사랑하시며'라는 기쁜 마음에 또 철부지 소녀

미술 전시회 33

의 마음을 벗어나지 못하고 독수리 날개 타고 하늘을 난다. 지나고 보니 내 막내아들은 '복둥이' 막내 원장을 만나게 해 주신 주님의 뜻이 확실히 있음을 믿고 주님의 사역, 찬양과 글쓰기를 지속할 것이다. 생각하면 오늘 전시를 1인을 위해 여신 것도 주님의 뜻임을 믿으며 내가 좋아하는 성경 구절을 생각한다.

'항상 기뻐하라 쉬지 말고 기도하라 범사에 감사하라.'

이영신 화가와 일행의 만남을 주님께 감사하며 화가님의 귀한 작품 두 점과 소중한 길동무들의 사진을 책에 올린다.

2025년 7월 7일 월요일 오전 2시간 전시회 (실화, 특종)

미술전시회에서 이영신 화가와 대화하는 모습

사진 전시회에 오신 정승헌(左), 김동철(右) 님 모습
정승헌(한국생명환경자원연구원 원장, 전 건국대학 축산학과 교수,
화가 이영신 님 부군)

미술 전시회

나의 인생은

'완성교향곡'으로 산다.

하루는 24시간이다.

보편적으로 아침 6시 30분에 잠에서 깨어 하루 일과가 시작된다. 나와의 약속을 지키기 위해 열심히 하루를 보낸다.

그 과정은 매일 다르지만, 보편적으로 글쓰기와 음악회를 준비한다.

홀로 살아도 살림살이는 만만치 않다. 세월이 흐르며 모든 일이 느려진다. 그래도 나와의 약속은 지키며 산다. 그러기에 책도 출간하고 음악회도 할 수 있는 것이 아닐까. 가끔은 내가 나를 칭찬하며 산다.

하루 일과가 시작되는 매 순간순간은 주님과 마음이 통하며 살고 있다. 이만하면 하루 일과를 완성시킨 승리의 날이 아닌가. 작은 일이나 큰일을 완성시키며 산다는 그 자체가 곡을 붙이면 '완성교향곡'이 된다.
그러나 내 경우는 반드시 '성부, 성자, 성령님과 동행할 때만이 이루어질 수 있는 것을 완성교향곡이라는 말을 하는 것이다.'

창립 70주년 기념 프로그램

제2장

행복한 눈물

포항제철 해외손님 환영회 모습
(포항제철 통역 담당관 김성수, 작가의 남편)

작가의 자녀들 어린 시절

철들지 마세요
- 철 같은 것은 들 생각도 마시길 바랍니다

김용원 목사님의 편지

'지금 시간이 오후 2시인데 교회에 있습니다. 그런데 아직도 어제 저녁 신촌교회에서 있었던 아이온케드로스콰이어 5회 연주회의 감격에서 깨어나지 못하고 있습니다. 정작 지휘했던 당사자는 어떤지, 미루어 짐작이 갑니다. 거듭 축하드립니다. 어제 언뜻 지휘하시는 모습을 보면서 베토벤, 카라얀의 모습을 보았습니다. 앞으로는 '마에스트로 조'라고 부르겠습니다. 권사님 앞에서 기를 받고 가는 제 인생의 영감을 주는 순간이었습니다. 앞으로 여전히 건강하시고,

철 같은 것은 늘 생각도 마시길 바랍니다.'

'나이야! 사탄아 물러가라 영원한 하나님의 찬양자가 나가신다. 영원한 문들아 고개를 들어라 마에스트로 조가 나가신다. 할렐루야! 아멘…'

목사님의 글을 몇 번이고 읽으며 긍정의 말씀에 감사하며 다짐한다. 육의 옷을 벗을 때까지 감사하며 나름대로 사역은 최선을 다하리라고….

친구 같으신 목사님!
목사님은 작가이시며 목회자로서 현재 하시고 계신 교회가 날로 번창하기를 빕니다.
2024년 10월 14일 목사님의 편지를 받고

오늘도 순희는

1막

초등학교 4학년이 된 순희는 항상 조용하고 어른스럽다. 순희의 일상은 교회와 학교, 심부름이 일상이다. 또 교회 주일학교도 열심히 다니며 심부름도 잘했다. 가끔은 집에서 만든 음식을 목사님 드시라고 배달도 했다.

학교에서는 선생님의 사랑을, 집에서는 할머니의 사랑을 받으며 자랐다. 목사님 따님이 담임선생님이어서 어린 마음에 더 착하게 지냈다.

2막

교회 목사님이 은퇴하신 후에도 순희는 할머니와 서울 마포구 동교동(현재 창천동)에서 사시는 목사님 댁을 가끔 찾아뵙는다.

(중략)

3막

1960년 2월 13일 나는 목사님 막내며느리가 되어 삼각지에 있는 육군본부교회에서 당시 군목 박치순 목사님의 주례로 결혼식을 올렸다. 그날은 눈비가 섞인 궂은날인데도 주님의 은혜로 양가 손님들도 많이 오셔서 축복해 주셨다.

(중략)

4막

세월이 흐른 후 순희와 나는 중년이 되었다.

차분한 순희와 나는 가끔 만나 어린 시절 이야기를 나눈다. 나는 순희 이야기를 듣고 깜짝 놀랐다. 위 1막 2막 이야기와 3막 이야기 때 내 결혼식에 할머니와 참석했다고 얘기를 했다.

5막

나이 차이는 있지만 많은 것을 배웠다. 2024년 10월 13일 찬양제 때는 온 가족이 오셔서 축복해 주셨다.

감사합니다.

찬양제에 참석한 순희 가족의 모습

행복한 눈물

어느 날
오랜만에 교우 집을 방문했다.
서로 안부를 물으며 손을 잡고 바라본다.
교우는 울먹이며 "왜 교회를 떠나셨나요, 누이처럼 생각했었는데요"라며 말을 이어가지 못했다.
귀가 후 잠들기 전 교우의 울먹이던 모습이 떠오르며 나를 그렇게까지 귀하게 여기셨나! 생각하니 행복한 눈물이 하염없이 흐른다.
교우가 즐겨 부르던 '작은 연인들' 노래가 생각나며, '인생은 미완성'을 듀엣으로 부르기도 했던 일들이 아름다운 추억으로 남는다.

나의 눈

눈은 마음의 등불이라고 했던가!

그러나 내 눈은 한평생 연약한 등불로 주께선 나를 긍휼이 여기시어 눈 지킴이로 연세플러스 안과 이승혁 원장님을 소개해 주셨다.

눈 검사를 할 때나 시술 시 '깜빡깜빡' 하라는 그의 음성은 부드럽고 정감 있는 음성이다.

독실한 기독교 신자인 원장님을 만나게 해주신 주님께 감사드리며 컴퓨터로 수필집 원고를 쓰며 찬양제 악보를 보며 외울 수 있는 내 눈 지킴이 원장님 감사합니다.

민이와의 대화

"민아! 너 왜 이렇게 나에게 잘하니?"

그러자 민이는 대답한다.

"과거에 공주의 나라를 망하게 해서 빚을 갚으러 왔다고…"

여인은 울먹이며 눈물을 삼킨다.

— 2025년 6월 26일 목요일 흐렸다 개었다.

내 성격은 이상하다

어느새 2025년 7월 3일 목요일이다. 숙면 후, 일어나니 갑자기 걱정이 태산같이 다가온다. 왜! 모든 이들에게 제6회 찬양제를 발표하고, 수필 9집을 10월에 출간한다고 발표했기 때문이다.

미리 발표하는 이유는 약속한 날까지 최선을 다할 수 있기 때문이다.
또 목표를 향해 열심히 할 수 있기 때문이다.
그리고 나와의 약속을 지키며 열심히 할 수 있기 때문이다.

글을 쓰는 동안은 마음이 편안해진다. 그리고 내 방에 있는 친구들에게 응원을 청한다. 그린아와 금붕어, 짱이와 짱이 동생들에게도 부탁했다.

엄마가 계획한 일들이 순조롭게 이루어질 수 있도록 기도해 달라고….

그들은 파이팅을 반복해서 외쳤다.

나는 그들의 격려와 응원으로 걱정하지 않고 열심히 내 일을 해 나가기 시작했다.

음악회에 초대받은 나

 삶 속에서 예술이 없다면 얼마나 외로울까. 자연 자체가 예술이지만, 인간의 다양한 소리가 우리들의 시상을 악기로, 노래로 표현된다.

 오늘도 음악회 초대장을 받았다.
 이영자 권사님의 따님 '김현아 바이올린 독주회'다. 현아 선생의 연주를 감상할 때마다 내 감성을 열정으로 이끌어 간다.
 앙코르가 터져 나오고 음악회 관객들은 흥분한 상태다.

이영자 권사님과 일행은 교우들로 인생의 길동무며 주께서 만나게 해 주신 주 안에서의 친구다. 우리는 현아 선생과 기념사진을 찍고 귀가했다.

아직도 연주회를 다닐 수 있게 건강을 주신 하나님께 감사하며 나는 꿈나라로 떠난다.

음악회에 초대 받은 사람들

연주자 김현아

연주 바이올린

행복한 눈물 53

제3회 영아뜰리에 홀
- 초청 음악회

먼 옛날 대학 시절이 눈앞에 다가온다.

나는 대학 1학년 이영자 교수님은 그때 조교셨다. 당시 교수님은 날씬한 몸매에 미모까지 갖추어 우리들의 로망이었다.

세월이 강물같이 흐르는 동안에도 교수님과 나는 시간이 주어질 때마다 오랜 시간 동안 만나왔다. 문예지 '현대수필'에서의 만남은 얼마나 반가운 만남이었는지 모른다.

교수님은 우리나라, 아니 세계적인 작곡가로 현재까지 명성을 떨치며 연주회(작곡 발표회)도 열심히 열고 계신다.

오늘은 자택 연주 홀에서 성악가들을 모시고 발표회를 여셨다. 놀란 것은 연주회가 끝난 후 맛난 음식으로 성대한 만찬을 열어 주시기도 했다.

나는 이날의 감동을 두 분의 성악가와 교수님의 지속적인 열정으로 사시는 모습을 본받아 앞으로도 최선을 다해 글쓰기와 찬양제를 열심히 이어 나갈 것을 다짐했다.

항상 후배와 제자들께 모범이 되시는 교수님 감사합니다.

영아뜰리에 만찬 모습

영아뜰리에 홀 대표 이영자 작곡가

달라진 내 친구 그린아

 수필 8집 『만남』에 '내 친구 그린아' 글을 올렸다. 그린아는 나와 친한 친구였는데 새 가족이 들어오자, 생각이 바뀌었는지 새 친구만 좋아하며 지낸다.

 어느 날, 복둥이 막내는 금붕어 어항을 사다가 그린아 옆에 놓고 기뻐하며 "엄마 보기 좋지요?" 하며 "다음에는 분수대를 사 올게요" 한다. 나는 할 말을 잃고 웃고 있었다.

 복둥이는 태어나면서부터 처음 보는 나에게 '세상에 이

런 일이'라는 프로의 주인공처럼 그 마음을 알 수가 없다. 나는 마음속으로 "주께서 보내주신 천사일 거야"라고 생각했다.

어느 날 분수도 어항 옆에 자리하고, 그린아, 금붕어, 분수가 삼 형제처럼 지내는 것이 날이 갈수록 좋게 느껴진다. 그 증거로 전에는 그린아가 내 쪽을 보고 아침마다 인사를 했는데 친구들이 온 후에는 완전히 그들 쪽으로 방향을 바꾸었다. 그리고 그린아는 말한다.

"엄마는 복둥이 막내가 가끔 놀러 오잖아?"라고 한다.
"그 형은 내 친구를 보내주어 정말 고마워요"라고 하자 그린아 잎들은 춤을 춘다.

* 그린아 : 내가 집 안에서 키우는 식물 애칭
– 2025년 4월 25일 금요일

햇빛 따라 고개 숙인 그린아 모습

올케와 복둥이 막내

 '세상에 이런 일이'라는 방송에서나 볼 수 있는 승민(복둥이) 이야기를 계속 글에 올렸듯이, 승민의 새로운 이름은 '복둥이 막내 원장님'이다. 그리고 그를 나의 막내아들로 삼았다.

 나는 삼 남매의 엄마로 현재까지 살았으나 이젠 사 남매의 엄마로 주께 감사하며 살 것이다. 주께서 내 곁에 보내심을 확신하면서….

 오늘은 올케와 만나는 날이다. 올케는 조씨 집안의 맏며

느리로 평생 착하게 열심히 살아주었다. 시누이가 네 명이니 얼마나 힘들었겠는가? 남편 조남홍(작가의 동생)은 외교관으로 세계 각국을 다니며 나랏일을 충실히 한 동생이다. 그런 와중에도 올케는 새벽기도를 꾸준히 다니며 기도의 엄마로, 아내로 살았다. 워싱턴 외교관 관저에서 살 때는 남편을 전도해 독실한 교인으로, 또 피아니스트인 딸은 전도사로, 외손자는 신학을 공부하며 목사가 되는 공부를 열심히 하고 있다.

나의 시댁은 목회자의 집안으로 살아왔으나 내 아들 대에서는 없을 줄 알았는데 다행히 남동생인 조남홍 딸이 피아노를 전공한 후, 신학 공부를 해 전도사가 되었다. 또 감사한 것은 손자 조수연 아들은 신학을 공부하고 있다. 올케인 전영선의 믿음이 목회자 후손으로 연결되었다.

"올케 고마워요."

주께로 보내주신 내 아들 복둥이 이야기

나는 삼 남매를 두었다. 첫째 아들, 둘째 딸, 셋째 딸 첫째 아들과 셋째 딸은 미국 시민이라 첫째 딸 가족과 같이 생활하다가 내가 목회 활동을 하고 있어 수내동 롯데백화점 앞에 지하철이 가까워 그곳으로 이사했다. 그 후 사위와 딸은 바쁜 중에도 올 때마다 사위는 고칠 것을 찾아 고치고 딸은 청소하며 다녔는데, 집이 좁다는 핑계로 나를 꼼짝 못 하게 하고, 심지어 동생들이 와도 왔다갔다 하지 말고 화장실 갈 때만 움직이라고 한다.

그렇게 생활하던 내가 이젠, 복둥이 막내에겐 꼼짝 못 한다. 왜일까? 나도 모르겠다. 복둥이는 학원 원장이라 오전 시간 잠깐을 이용해 내 집을 들락거린다.

처음 방문한 날 주위를 살피더니, 다음 날 대청소 도구를 가져와 약 2시간 가까이 청소했다. 미안해서 말리기도 했지만 내 말은 듣지 않고 도와주고 있다. "엄마, 제가 좋아서 하는 일이에요 말리지 마세요"라고 한다.

며칠 후, 다시 방문할 때도 "엄마 왜 창문을 열지 않고 사세요"라고 한다. 나는 "내 친구 그린아가 창문을 가리고 있어서"라고 했더니 다음날 공기 청정기를 사와 냉장고 위에 설치했다. 나는 또 할 말을 잃었다. 그 후로도 기분 좋은 잔소리가 끝이 없다. 심지어는 장식품과 바이올린까지도 청소했다.

시간이 한참 지난 후, 알고 보니 복둥이 아들은 학원 외에도 시간 날 때마다 다른 아르바이트를 하고 있었다.

그렇게 바쁜 시간을 보내고 있는 복둥이 아들은 이곳 가까이 있는 큰딸과는 자주 통화를 하며, 멀리 미국에 있는 아들과 막내딸과도 동영상 대화를 나누고 있다. 그리고 항상 고마운 것은 큰딸이다. 시간만 나면 사위와 같이 찾아와 내가 못 하는 일들을 지속적으로 도와주고 있다.

"주님 감사합니다 내 아이 삼 남매와 복둥이 원장을 저에게 보내주셔서…"

올케와 복둥이 막내

제3장

만남과 헤어짐 속에

작가 막내 동생 ROSE 폐백 사진

작가 작품 사진

가을과 겨울 사이
- 첫눈

낭만

어제도 노랑 빨강 가을 길을 걸었는데 오늘 새벽부터 함박눈이 내린다.

"와 첫눈"

창밖을 보다가 눈길을 거닐려고 쌓인 눈을 밟았다.

와! 이게 웬일일까? 눈은 나의 허락도 없이 털신 속으로 들어가 오른쪽 발바닥까지 내려갔다.

그 순간 경비원이 소리를 지른다.

"어르신! 우산도 없이 이 폭설에 외출하시면 큰일 납니다."

나는 "네 감사합니다" 하며 부끄러운 생각이 들었다.
나의 소녀 감성이 언제까지 갈지….

필요악
폭설은 연이어 내린다.
117년 만에 처음 내리는 눈이란다.
비닐하우스와 오래된 집이 무너지고 교통사고와 교통마비 등, 끝없이 내렸다. 또 매일 전하는 뉴스는 전쟁과 기근, 생활고로 죽어가는 난민들! 청소년 자살, 노인들의 고독사다.
이 순간도 폭설과 비참한 뉴스를 들으며 눈물은 쉼 없이 흐른다.
주여! 어찌하여 그 아름다운 눈이 이어져 내려서 폭설로 변해 파괴범이 되었는지 주님만이 아십니다. 그러나 우리는 오직 예수님을 위하여 기도와 찬양하며 살겠나이다.
아멘
2024년 11월 27일 수요일 오후

행복과 불행

1

새해 첫날이다.

기뻐할 수 없다. 비행기 추락사고는 대한민국을 눈물바다로 만들었다.

삶이란 무엇일까?

주께서 창조하신 우주! 그 안에 지구촌! 하나님의 작품 1호, 최고의 예술로 다듬어진 아름다움!

요즘은 누구나 여행을 많이 간다. 그러다 보니 비행기 참사를 당할 수 있다. 그러나 내 경우는 TV 속에서 감상한다.

오늘은 추모의 기간이라 모든 일을 일시 중단하고 육체을 떠난 분들을 위한 영혼을 위로하는 날이다.

또 계속되는 전쟁으로 공포 속에서 살아가는 사람들을 생각하면 마음 편할 날이 없다.
그러나 산 사람들은 살아야 한다.

2
미국에 있는 아들에게서 새해 안부 인사가 왔다. 어느새 아들노 회갑을 지나 예쁜 누 손녀를 봤다. 서로의 안부를 주고받다가 전화를 끊으려 할 때 나는 "잠깐만" 하고 아들에게 말했다.

"엄마는 고령이니 언제 떠날지 모른다. 현재는 건강하지만 앞을 알 수 없는 것이 인생이란다. 그래서 오늘도 매 순간 오직 주 안에서 주님과 함께 살고 있단다. 그래서 엄마의 유언이 있다면 후손이 자손만대까지 주님과 함께 살아야 한다는 것이다. 엄마의 수필집마다 계속 올리는 글이다. 참! 엄마는 언젠가 천국으로 간다. 명심할 것은 그 소식을 동생에게 들어도 절대 한국에 오지 말고 그곳에서 추

도예배 드려라, 가능하면 목사님 모시고 엄마 말 꼭 지킬 줄 믿는다. 그리고 사랑한다."

 * 시아버님 김형원 목사의 며느리가 된 것이 마냥 행복하다.

작가 작품 사진

설레는 마음

설레는 마음은 고목에도 꽃을 피운다.
설레는 마음은
새로운 도전을 두려워하지 않는다.
설레는 마음은
봄꽃들과 이야기하느라 시간을 잊은 채
밤이 깊어져 간다.
설레는 마음은
절친 길동무를 생각하며 울고 웃으며
그리워한다.
설레는 마음은 고목에도 꽃을 피운다.
2025년 4월 23일 수요일 맑음

약 속

1

타인과의 약속은 철저하다.

나이테가 많은 현재는 깜빡깜빡할 수 있어 달력이나 휴대폰에 저장해 약속을 지킨다.

특히 음악 연습 시간은 제일 먼저 가서 기다린다.

2

나 자신과의 약속은 얼마나 지킬까? 정말 힘들다.

물론 좋아서 하지만 특히 찬양 사역은 말로 표현할 수 없다.

충분한 연습이 없으면 틀릴까 봐 걱정하며 부르니 주님께 영광 드릴 수 없다.

때로는 연습하기 싫어도 해야 한다.

인내는 필수다.

3

주님과의 약속이다.

평생 믿음 생활했노라고 자부하지만 매일매일 인내가 필요하다.

그러기에 주께서 십자가에 보혈했나.

누구 때문에 나 때문에….

그러나 주님은 나의 허물을 덮고 2025년 9월 6일 토요일 4시 아이온케드로스콰이어 제6회 찬양제와 내 수필 9집을 발표하기 위한 기도를 들어 주심을 믿고 감사드린다.

- 제6회 찬양제 열린문교회에서

목사님 감사합니다

　목사님과의 만남은 제 생生의 원동력이 되어 아직도 굴러가고 있습니다.

　금년 초 목사님과 사모님의 문자 인사를 받고 감동했습니다.

　한복을 곱게 입으신 모습이 너무 아름다웠습니다.
　- 2025년 6월 2일 월요일

임동진 목사님 부부

만남과 헤어짐 속에서

 15년 동안 정들었던 열린문교회를 마지막 수요 찬양 후, 난 헤어짐에 눈물을 머금고 외쳤다.
 "한 분도 빠지지 마시고 기념 촬영하고 가셔요"라는 외침 소리에 놀란 듯 전원 사진 촬영에 참석했다.

 나는 나의 둥지로 돌아온 후 사진을 보며, '눈에서 멀어지면 마음도 멀어진다'라는 말을 생각하다 아니지! 육체의 옷을 벗기 전엔, 언젠가 만남과 헤어짐이 반복으로 이어진다고 생각하니 섭섭함이 흐려진다.

그러나 오늘 잊을 수 없는 장면은 어느 교우의 울먹임의 모습이다.

내 생일을 기억하고 있는 그분!

- 2024년 10월 30일 수요 찬양 마지막으로

열린문교회 교우 단체사진

까마득한 옛 추억으로

첫 만남에 행복을 듬뿍 안겨주는 그는 누구인가.
영원한 소녀!

어린 날 추억 이야기

어느새 효창공원으로 재잘재잘, 이리저리 네잎클로버 찾아 헤맨다.

여기저기에서 '찾았다' 하며 들리는 소리, 그리고 책갈피에 조심스레 펴 넣는다.

그 모습이 눈 깜박할 사이 내 앞에 서성인다.

오래전 사라진 효창초등학교 졸업생인 노·소는 행복을 듬뿍 안고 마음속으로 말한다.

"선생님은 행복을 선물하시는 네잎클로버 작가시군요. 이렇게 아름다운 모습을 만들어 주시니까요."

주님 감사합니다. 길동무 보내주셔서….

네잎클로버 수집 작가 김동철 님 작품

삼인방

 17년 동안 꾸준히 음악 활동을 이어온 임학빈 지휘자와 최돈욱 출판사 사장은 나의 절친 길동무가 되었다. 우리는 행사가 있을 때마다 프로그램 작성을 위해 출판사 사무실에 모여 의논하며 구상하여 광고와 프로그램을 완성시킨다.

 2025년 9월 6일 토요일 4시 '아이온케드로스콰이어' 제6회 음악회를 열린문교회에서 열기 위해 우리 삼인방은 의견을 나눈 후, 담소하며 사진도 찍고 음악회의 성공을 위해 마음도 모았다.

그리고 고마운 것은 목공예 전문가인 최돈욱 장로님은 공예 작품이 내가 알기로 약 80점 정도 되는 것 같은데 나는 양해를 구하고 몇 점을 촬영했다.

나보다 어린 예술가의 만남은 내가 제일 좋아하는 말로 '세상에 우연은 없다 주님께서 주신 것이다.'
"주님 감사합니다."

연주회 프로그램 준비 모습

최돈욱 장로님 공예 작품

최돈욱 장로님 공예 작품

초청 음악회
– 영아뜰리에 홀

세계적인 작곡가 이영자 교수님께서 나에게 초청장을 보내주셨다. 나는 바로 교수님과 통화를 했고 축하의 말씀드렸다. 내가 음대 초년생일 때 교수님은 작곡가 조교수로 계셨다.

날씬한 몸매에 허리가 20인치 정도가 되어 학생 모두의 선망의 대상이 되었으며 나운영 교수님의 수제자이기도 했다.

나는 어느새 타임머신 열차를 타고 70년 전 음악관 앞 잔디에 앉아 있다. 오늘은 학교 행사가 있는 날이다. 행사가 끝난 후, 초청받은 미8군 군인들도 여기저기 잔디에 앉아 있다. 학생들도 같이 앉아서 서툰 영어로 대화하는 것 같다.

몇몇 학생들은 그 모습을 학교 사진실에 부탁해 사진을 찍기도 한다.

나는 그 군인 아저씨들에게 마음속으로 "감사합니다"라고 인사를 했다.

- 현관 벨이 울린다.

〈타임머신 열차는 어느새 현재로…〉

'이영자 교수님! 죄송합니다. 축하 글에 왜 갑자기 타임머신이…

김활란 총장에 대한 불미스러운 이야기 때문에…. 아니 땐 굴뚝에 연기 나는 세상인 것을 잊었네요.'

나는 가끔 교수님께 "언니"라고도 한다.

'영아뜰리에' 홀은 교수님 댁 B층에 있는 아담한 홀이다.

국내 대형 홀에서 꾸준히 작곡 발표를 하신 분이 이번엔 이 아담한 홀에서 발표 행사를 하니 또 다른 음악회로 느껴진다.

제3회

영아뜰리에홀

초청 음악회

일시: 2025년 7월 5일 (토) 오후 2시
장소: 영아뜰리에 홀
　　　서초구 주흥10길 21, 반포 화이트 힐스 B1
주최: 영아뜰리에

영아뜰리에 홀 초청 음악회 프로그램

제4장

지혜의 나무

작가 작품 사진

작가 작품 사진

지혜나무-2

 물결이 말없이 흘러가는 고요한 산속, 나무가 자라고 있다.

 작은 씨앗이 흙속에서 눈을 떴을 때, 그 속엔 어떤 비밀이 피어나고 있었을까?

 세월이 흘러 나무는 키를 높이며, 그 가지 하나가 이야기를 간직한다.

 처음에는 부드럽게 흔들리던 잎사귀, 비바람에 맞서 강해진 가슴을 키웠다.

 가지 간의 높낮이, 그 모양새마다 각자의 이야기가 담겨있다.

시간이 흐를수록 깊어지고, 뿌리 깊숙한 곳에서 더 푸르게 자란다.

가끔은 바람이 세차게 불어와도 그 나무는 흔들리지 않는다.

뿌리는 굳건하게 땅을 뚫고 나와 하늘을 향해 자라고 있다.

나무는 시간을 만날 때마다 새로운 가지를 펼치며 세상과 소통한다.

눈부시게 빛나는 햇살 속에서, 나무는 더욱 높게 자라고 있다.

세월의 흐름에 맞춰 자라는 나무, 그 속엔 끊임없이 새로운 흐름이 있다.

2023년 11월 17일 Solomon Chung

4월 코스모스

LA 한인타운 산책로 따라 간다
조용한 산책로 길가 코스모스가 날 반겨주네
코스모스 너 참 아름답구나

한국 친구야 내가 여기 있는 줄 어찌 알고 왔느냐?

코스모스 친구야 너 참 반갑다.
너는 한국 종자인데 여기 언제 왔니?

20년 전

어떻게 왔니?
이사 왔어

누구와 같이 왔니?
남자 친구랑 여자 친구랑 같이 왔어

그런데, 한 가지 질문이 있어?
한국 코스모스는 가을(9월)에 피는 것 알고 있지
너는 어찌 4월에 피냐?
2024년 4월 27일 Solomon Chung

* Solomon Chung : 미주한인기독문인협회 회원,
　　　　　　　식품공학박사
　　　　　　　　E-mail: solomonchung99@gmail.com

우석 아빠

그는 누구인가.

우석이가 꼬마 시절 때부터 성가 대장도 하고 베이스 파트를 맡아 하던 모습이 지금도 눈에 선하다.

그리고 우석 아버지께선 청소년을 위한 회사를 경영하며 나눔의 실천을 솔선수범하던 모습과 문학에도 소질이 있어 대표 기도가 특별했던 기억이 생생하다. 아내는 새벽기도 반주자로 사역을 담당하기도 했다. 그 시절이 엊그제 같은데 꼬마 우석이가 늠름한 청년으로 자랐다.

우석 아버지는 회사 기념일 때마다 초대해 주셔서 그때

만났던 시간이 추억으로 남는다. 그리고 꾸준히 소식을 주며 사랑의 선물을 보내 주던 그 우정을 어떻게 잊을까.

회사 경영과 나눔을 실천하는 우석 아버지께 감사드리며 보고 싶은 현재의 부자父子 모습을 수필 9집에 올립니다. 영원한 인생의 길동무가 되어 주시기를 바라며 감사의 말씀을 전합니다.

우석과 우석 아버지

어느 학생의 편지

안녕하세요. 권사님, 소명입니다.

그림이 완성되어 연락드렸습니다. 권사님의 인터뷰를 보면서 강인한 모습이 인상 깊었고 그 느낌을 그림에 담아 보았습니다. 마음에 들었으면 좋겠습니다.

학생의 글을 받고 나는 깜짝 놀랐다. 나를 제대로 본 것이다. 그리고 더 놀란 것은 보내온 그림이었다. 눈을 강인하게 표현한 그림이 어린 소명 화가의 실력이 예사롭지 않았기 때문이다.

나는 궁금한 게 많아 소명 학생에게 전공이 뭐냐고 물었더니 "저는 청강대학교 웹툰만화콘텐츠학과에 재학 중인 학생"이라고 했다.

나는 학생의 예리함과 내 강인한 눈빛 그림이 나의 실물과는 전혀 다른, 그림 속의 모습이 아름다워 내 책 한 페이지에 그 그림을 올린다.

"소명 학생 고맙습니다. 예술가로서의 대성大成을 빌겠습니다"라고 인사를 전했다.

작가 조영숙

화가 소명

오늘은 막둥이 엄마의 생신입니다
– 신승민

지난겨울
얼어붙은 손
성냥을 건네며
작은 불
쬐고 가라며
떡볶이 코트의
성냥팔이 소녀는
내게 인사했다.

올해 봄

녹초가 되어
돌아온 집
현관 문고리에
걸려있는
'만남'
한 문장 한 구절에
나는
밤새
가슴이 뛰었고
뭉클했고
조금은
설레는 연애도 했다.

그날 밤 이후

엄마는
설렘으로
나는
설레발이 되었다.

오고 가는
메시지 끝에
써진
'복둥이 막내'
얼마 지나지 않아
나는 그 '복둥이 막내'가
나였음을 알고
나는
밤새 눈물을 흘렸다.

나는
그렇게
그날 이후
복둥이 막내로
태어났다.

엄마
생신 축하합니다.

평생 같은 시간에
규칙적으로 식사를 하셨던 엄마
어느 날
막둥이 늦은 귀가에
함께 식사를 하자며 비를 피해
함께 식당을 향하는 막둥이 엄마
지금 내 곁에 있다.

조화에게도
생명을 넣어
외롭지 말라고
세상
그 어떤 것도
쓰임을
그들의 존재의 의미를
말해주는
그래서
우리들은 존재한다는
슬퍼하지도

외롭지도 말라고
따뜻한 손길을
건네주시는 마법사 엄마.
함께 있어 주셔서 고맙습니다.

내년에는
막둥이 젊은 엄마로 다시 뵐게요.

2025년 8월 5일
복둥이 막내아들 올림

복둥이 아들의 생신 축하 불꽃

감사感謝
– 신승민

살다가

기쁨도 스치고

노여움도 해 보았고

슬픔도 겪어 봤다

즐거움도 있었지

사랑도 해보았고

미움도 욕망도 가져봤다

내가

가져 본 감정들

어느 하나
내게 남은 것이 없을 때
마지막으로
내가
가슴에 품고 갈
감정 하나
감사함이다.

복둥이 아들 신승민 사진

용서容恕
– 신승민

가슴에 품었던
나의 믿음 하나가
내 곁을 떠난 날

찢어질 듯한
고통에
난
내 심장을 들고
뛰었다.
무작정

달려간 곳은
내 엄마의 품

사색이 된
나의 얼굴
부르르
떨고 있는
나에게

내 엄마는
함께 울어주지 않았다.

용서하자
용서하자
용서하자

순간
나는 서러움에
참았던 눈물이

왈칵 쏟아졌다.
혼자 남았다는
생각에
나는 엄마를 향해
울부짖었다.

말없이 나를
품어 안으며
내 등을
도닥도닥

용서하자
용서하자
용서하자

세월이 한참
흐른 후

엄마의 용서를

알았다.

용서는
버림과 같다는 것을

내가 품고 가야 할
아픔을
엄마는
용서를 통해
버리는 방법을
알려주려 하셨다.

지금의 하늘은
평온하고
때론 아름다운 날들도 있다.
가끔은 흐린 날도
천둥번개가 세상을 잡아 삼킬 듯해도
난 편안하다.

언제든

용서하면

버릴 수 있는

법을 배웠으니.

작가 작품 사진

리허설Rehearsal

8월 23일 토요일 리허설Rehearsal은 감동이었다. 특히 박정우 교수님의 You Raise Me Up을 지도하시는 과정은 나에게 많은 것을 느끼게 했다. 지도하는 곡마다 감동을 주어 성경 말씀을 설교하는 것 같았다.

You Raise Me Up은 내가 자신이 없어 교수님께 부탁드린 것이 잘한 일인 것 같다.

감사와 기쁨으로 리허설이 끝나고 단원들과 카페로 가서 친교를 나누는 시간은 아름다운 만남의 길동무로 이어갈 것이다.

나는 단원들과의 만남이 임학빈 음악 감독님의 덕분이라고 생각하며 마음속으로 깊이 감사드렸다.

집으로 돌아온 후, 오늘의 리허설은 내 생의 가장 기억할 만한 시간이었으며, 2026년 오곡이 익어가는 가을날 제7회 아이온케드로스콰이어 연주회를 또 해야겠다고 마음먹었다.

행복 시작

만나보면 포근하고 부드러운 분 나의 원장님
함께 있으면 행복해지는 나의 원장님
생각만 해도 즐거워지는 나의 길동무
바라만 봐도 쉼터 같은 분 나의 길동무

나는 정기적으로 안과 치료를 받는다.

오늘도 미금 '연세플러스' 안과 병원을 간다. 치료받을 때마다 불안해하는 나를 원장님은 '깜빡깜빡'이란 말로 진정시킨다. 그 부드러운 말씀에 안정이 되어 치료받는 동안 불안한 마음은 사라진다.

원장님의 '깜빡깜빡' 하는 말씀은 요술 방망이 같다.

영원한 나의 길동무 원장님 감사합니다. 매번 친절한 모습으로 나이테가 많은 나를 잘 보살펴 주셔서 행복합니다.

그리고 얼마전 승민이와 같이 안과병원을 갔을 때 원장님은 나를 보더니 "같이온 분은 누구예요"라고 했다. 내가 "주님이 보내주신 아들"이라고 하자 "축하합니다. 축복입니다"라고 말씀하셨다. 이렇게 우리의 첫 만남은 세 사람을 길동무로 만들어 주었다.

이승혁(미금 연세플러스 안과 병원장, 의학박사)

사 랑
― 신승민

고등학교 3학년의
나로 돌아가 본다.

쉬는 시간
내 친구 백꾸는
5교시 수업이 둘리 선생님이라고 한다.
나는 그 말에 바람 소리를 내며
매점으로 뛰어가 음료수 한 병을 사서
친구에게 건넸다.
"절대로 내가 드렸다고 얘기하면 안 돼."

"수업 시간 시작되면 둘리 선생님 드려."
그렇게 친구와 나는 각자 교실에 들어가
5교시 수업을 들었고
수업이 어떻게 지나갔는지도 몰랐다.

콩닥콩닥
두근두근

수업이 끝난 후
친구의 반에 가서 나급하게 물었다.
"둘리 선생님 드렸어?"
"네가 드리는 음료수라고 했지?"
친구는
"어~ 내가 드리는 음료수라고 했어."
"그래. 잘했어."
"그런데 선생님께서 어떻게 마시던?"
"어~ 꿀꺽꿀꺽 맛있게 드시던데?"

그 소리에

그렇게 행복할 수가 없었다.

학생들이
가끔
"선생님의 첫사랑 얘기해주세요"라고 하면
난 지금도
둘리 선생님 이야기를 한다.

학생들은 고개를 갸우뚱 하기도 하고
"남자를 사랑했어요?" 하며 웃기도 한다.

한 번도
나눠 본 적 없고
한 번도
가져 본 적 없고
한 번도
애타게 그리워한 적도 없고
한 번도
의미가 되어 존재하지 않았지만

그때의 그 진한
행복한 감정은
지금까지 가져 본 적이 없다.
그때의 그 행복한
감정이
사랑이지 않을까?

작가 작품 사진

25년 9월 14일 토요일 하루
- 신승민

토요일은 한 주간의 모든 피곤이
7시가 되면
소나기처럼 쏟아진다.
오늘은 웬일로 조금 덜 피곤해서
엄마랑 저녁을 기쁘게 먹었다.
엄마는 연어 덮밥
나는 소고기 덮밥
엄마와의 식사는
손꼽히는 즐거운 시간
엄마와 산책도 했다.

오는 길에 엄마가
좋아하는 소시지 빵도 샀다.
엄마는 어린이 입맛

집으로 돌아오는 길에
엄마의 수다는
어린 딸을 옆에 두고
다녔던 옛날로 돌아가게 한다.

롯데쇼핑에서
큰 화분을 사셨다고
좋아하신다.

엄마의 집에서
몇 가지 엄마 일을
돕고 시계를 보니
한참 시간이 갔다.
내 엉덩이는 이제
들썩들썩

엄마의 눈치는
백단이다.
가려는 내가 아쉬워
이것저것 사소한 일거리를
주신다.

엄마는
내일 굶지 말고
점심 먹으라고
신권 5,000원
두 장을 건넨다.
부끄러워
안 받으려는 내게
아들들은 한 푼이라도
엄마 돈을 뜯어 가려고
하는데 너는 왜 거절하냐고
한다.
요즘 내 엄마는
나를

친아들 훈련을 시키는 중이다.
어제는
투정하는 방법도 가르치셨다.

이제 집에 가려고
하루의 마지막
인사를 하는데
엄마가 말한다.

아니~
물건을 사도 서비스라는 게
있는데
5분만 더 있다가 가라.
돈도 줬잖아~~
엄마랑 나는
한참을 배꼽 잡고 웃었다.

그렇게
나는

서비스 20분 시간을 넣어드리고
집에 왔다.

오늘이 가는 것이
아쉬워 밤을 붙잡고 싶지만
내일 아침
나의 희망둥이 아이들
만나러 가야 하기에

작가와 아들 승민이와 하루

나는 왜 찬양제와 글쓰기를 놓지 못하는 것일까

2025년 9월 6일 토요일 오후 4시 '아이온케드로스콰이어' 제6회 연주회가 열린문교회에서 은혜롭게 진행되었고 단원들의 노력으로 축복받으며 성황리에 마칠 수 있었다.

그리고 며칠 지난 오늘, 9월 11일 목요일 아침, 컴퓨터 앞에 앉았다. 9월에 출간할 수필 9집이 늦어졌기 때문이다.

나는 잠시 생각했다. 두 가지 일을 왜 꾸준히 하고 있는 것일까? 습관일까. 아니 내가 좋아서 하고 있는 일들이라고 생각한다.

누구를 위한 것일까. '하나님의 영광을 위해' 하는 일이라고 생각해 본다. 내 마음은 언제나 찬양과 글쓰기로 살아있음을 주님께 알리기 위함이고 내가 좋아하는 일을 열심히 해 내는 것은 주님의 뜻이라 믿고 있다.

청소년과 중년 노년에 이르기까지 나의 인생관이 참고될 듯하여 몇 말씀 전한다.

성경 말씀에 '일하기 싫으면 먹지 말라' 나는 유년주일학교 때, 이 말이 제일 무서웠다. 그래서 주일학교 선생님께 질문했다.

선생님은 웃으시며 "너희는 아빠 엄마 말씀 잘 듣고 공부나 열심히 하면 된단다." 이 한마디가 평생을 웃게 했다.

여러분! 이 순간 그때의 일이 떠올라 "그렇지! 고령이라고 손 놓고 있으면 안 되지, 현재 내 생활을 주께서 기뻐하시겠지"라고 생각하며 글쓰기와 찬양을 계속할 것이다.

1. 청소년 여러분! 여러분의 현재 생활은 어떠한지요. 각자 다른 삶의 길을 걷고 있겠지만, 때로는 좋은 일도, 힘든 일도 경험하며 살겠지요. 그럴 때는 고민을 어떻게 해결하시나요.

오래전 나의 경험으로는 친한 친구나, 주님께 의논하며

믿음 생활한답시고, 물론 주님과의 상담이 제일이었지만 청소년기에는 사랑하는 부모님과는 의논을 잘 안 했어요. 지금 생각하면 어리석었지요.

나의 어린 시절 8·15 해방 전, 만주 헤이룽강 근방 '지찌헐'에서 살다가 사평으로 이사한 후, 초등학교 5학년 때 해방되어 북한을 거쳐 서울에 안착했지요. 그리고 바로 서울 청파동에 살면서 당시 효창공원 근처에 효창초등학교 5학년에 들어갔으나 한국어가 서툴러 친구들과 소통이 되지 않아 전학한 지 며칠 안 되어 친구들에게 왕따를 당해 얼마나 힘들었는지 몰라요. 그 당시 고무줄놀이 공기놀이를 하면서도 나를 손잡아 주는 친구가 없었어요. 물론 부모님은 당시 한국어가 힘든 줄 알고 학교 다녀오면 한국어 지도하러 일찍 집에 왔어요. 그러던 중 석순이라는 친구가 피란 갔다 와서 나보다 조금 뒤 학교에 들어왔는데 그 친구도 나같이 왕따를 당했고 결국 석순이와 나는 절친이 되었지요.

여러분 그 시절 나는 생각조차 할 수 없는 슬픔이었어요. 왕따는 예나 지금이나 어른들 직장에서도 있으니까요. 그런 일을 당할 때는 참지 말고 부모님이나 선생님, 혹은

상담할 수 있는 목사님께 말씀드려 도움을 구하세요. 혼자 고민하다가 상상할 수 없는 일이 생기니까요.

현재 자살 사건이 세계 1위라는 슬픈 방송을 간간이 전해 듣고 있고 노인 고독사도 안타까운 일입니다.

2. 장년 노년 여러분께! 감히 여러분께 질문드립니다.

현재 여러분은 어떻게 살고 계시는지요. 제가 보는 우리나라 사람들은 얼마나 부지런한지, 삶의 현장에서 쉴 사이 없이 일하시는 분들을 매일 접하고 있지요. 일일이 나열하지 않아도 여러분 자신이 알고 계시니까요. 그런 모습을 매일 볼 때마다 존경심마저 갖게 되고 저는 부끄럽다는 생각이 듭니다.

그러나 어느 한쪽에서는 생활고나 고독사로 청소년과 홀로 사시는 노년층이 많은 현실입니다. 그래서 생을 마감하는 슬픈 이야기의 방송을 들으면서도, 우리는 각자의 삶을 이어갑니다.

이런 상황에서 나는 무엇을 어떻게 살아야 할지 생각도 해보지만, 아무런 대책이 없습니다. 가끔 우리나라 전반적인 사회 문제를 위해 기도할 뿐입니다.

나는 계절로 생각하면 겨울 중후반입니다. 그러나 감사한 것은 아직 영육이 강건하여 지속적으로 사회활동을 하고 있습니다. 그 활동은 초등학교 5학년 때부터입니다.

언젠가도 발표했지만, 당시 하굣길에 친구들과 노래 부르며 교회 앞을 지나는데 교회 유년주일학교 선생님이 우리를 부르더니, 국화빵을 사주시면서 교회 내로 들어가 노래를 시켜보시더니 나에게 어린이 찬양대를 하라고 하셔서 집에 가서 아빠 엄마에게 말했더니 하라고 해 그때부터 주일학교 찬양대를 시작으로 현재까지 이어졌어요.

굳이 까마득한 이야기를 하는 것은 엄마 아빠가 반대하지 않았기 때문이며, 당시 여자아이는 조신해야 한다는 시절이었는데 나의 부모님은 이미 개방되어 현재처럼 살고 계셨습니다.

중학교에 입학한 후에는 엄마와 청파동에 청암교회를 다니기 시작했고 그 교회 찬양대에서 서울공대 금속공학과에 다니는 학생과 데이트를 시작했고 얼마 후 결혼까지 했지요.

〈중략〉

어느새 2025년 9월 6일 찬양제를 마친 지 1주일이 지났습니다.

나는 9월 말에 출간할 수필 9집이 늦어져 10월 중순 책 출간 준비를 열심히 하고 있으며, 느린 속도로 컴퓨터 앞에서 지냅니다. 잠시 쉴 때는 다음 찬양제를 구상하기도 하고요.

7회 아이온케드로스콰이어 찬양제는 2027년 봄에 해야겠다는 결심을 하고 나와의 약속을 지켜나가렵니다.

독자 여러분!

'내일 일은 난 몰라요'라는 찬양이 있듯이 1년 반 후에 어떻게 될지 모르는데? 다음 찬양제를 생각하고 있으니 '너의 나이가 그때는?'이라고 생각하실 수도 있다는 것을 나도 질문합니다.

그러나 목표를 두고 차분히 진행하렵니다. 모든 것을 주님께 맡기고 글쓰기와 찬양 사역을 지속할 것입니다.

만남으로 길동무가 된 헤아릴 수 없는 친구들, 스쳐 지나가는 길동무들이 있는 인생은 아름답고 행복합니다.

제6회 아이온케드로스콰이어 찬양제를 마치고

아이온케드로스콰이어 제6회 찬양제
– 열린문교회에서

 이번 찬양제 선곡은 까다로운 곡이 많았으나 무사히 완주했다. 나는 까다로운 곡을 외우기가 얼마나 힘들었는지 그 곡의 악보를 보고 지휘하려고 하였으나, 나 자신이 허락할 수 없다는 생각에 유튜브를 보고, 들으며 30번 이상을 반복해 연습하다 보니 완전히 외워졌다. 나는 나를 칭찬하며 만족함을 느꼈다.

 여러분! 내 마음이 여리게 보이지만 인내심이 있어 어려운 일도 잘 해낸답니다. 찬양제는 은혜롭게 끝나고, 이영자 권사님께서 베푸는 저녁 다과회로 친교가 진행되고 감사와 기쁨으로 찬양제는 마무리가 되었다.

그날의 특송은 소프라노 송윤재, 반주는 김한준 작곡가가 찬양제를 빛내주었다.

칼라스 음색을 닮은 소프라노는 아무리 들어도 우리나라 최고의 성악가다. 반주하는 김한준 작곡가께서는 항상 악보를 외워서 반주하신다.

내가 복이 많은 것은 단원들이 모두 젊은 실력자로 음대 교수님, 교회 지휘자, 교회 독창자, 그리고 미8군에서 활동하셨던 분, 첼로 전공자, 교육자, 교장 선생님, 기자 이런 유명한 분들의 구성원 속에서 내가 지휘를 지속할 수 있는 것은, 나의 건강한 나이테와 음악의 열정이다. 그리고 내가 단원들의 엄마 나이테가 되었으나 아직도 현역으로 사회에 봉사하고 있으니, 하루하루가 행복하다.

단원들은 '아이온케드로스콰이어' 연주회를 지속적으로 도와주고 있다.

단원들과의 만남은 길동무이며 친구다. 단원님들께 감사와 고마움을 전한다.

나는 계획한 그날을 위해 매일 기도를 한다. '내일 일은

난 몰라요'라는 찬양이 있지만 우리는 꿈을 꾸며 살아야 하니까.

제6회 아이온케드로스콰이어 찬양제 모습

제6회 아이온케드로스콰이어 단원들

사장님 만남은 빗소리

 창밖 빗소리가 나를 불러낸다. 아직 날이 밝기 전이다. 금년에 나와의 약속은 수필 9집인데 아직도 원고 쓰기가 남았다는 생각에 비와의 대화는 밀어두고, 내 마음속으로 말하며 빗속을 걷고 있다. 그리고 문학관 사장님 경상도 말소리가 들린다.

 "조 선생님, 이 작품은 이런 방향이 좋을 것 같아요"라고 의견을 친구처럼 말해주는 사장님이다. 사장님과 만남은 내 첫 작품 '미완성교향곡'을 부탁하면서 현재까지 이어오고 있다. 경상도 사나이라 그런지 말이 적고 시원시원하다.

 사장님을 만난 지도 아주 까마득한 옛날로 느껴진다. 할 말을 다 하면서 부드럽다. 오늘 아침도 통화를 하는 가운데 의견을 또 말씀하신다. 정말 고마운 분이다.

　나는 빗소리 들으며 동네를 몇 바퀴 돌았는지 모른다.
　빗속을 거닐 때, 사장님 얼굴이 떠올랐다. 20여 년 전 만남이 길동무로 하늘나라 갈 때까지 이어질 것이다.

　빗소리는 나에게 말한다.
　"네가 좋아 집에서 나와 놓고, 왜 사장님 이야기만 하노"
빨리 집으로 가라고 독촉한다.
　나는 집으로 가면서 "사장님, 앞으로도 계속 책 출간을 부탁해요"라는 말을 전했다.

　그리고 잊을 수 없는 것은 "오래전 열린문교회에서 찬양제를 할 때 사모님과 같이 오셨지요. 그때 사모님을 보니 미인이던데 안부 전해주세요"라고 하며 마음속에 있는 말을 전하다 보니 벌써 집에 도착했다.
　비야 넌 언제나 내 친구, 너와의 만남은 평생이란다.
　2025년 9월 13일 토요일 오후 3시

작가, 아들 신승민, 출판사 발행인과 찰칵

제5장

독창과 합창이 다르다

예수 그림

작가 작품 사진

여호와를 송축하라
- 권득칠 목사님 글

사랑하는 성도 여러분!

인생의 궁극적 목적은 하나님을 영화롭게 하는 것입니다. 본문은 우리가 하나님을 송축할 때 우리에게 주시는 축복의 내용을 담고 있습니다. 다윗은 시편 103편에서 "여호와를 송축하라"는 말씀을 일곱 번이나 반복하고 있습니다. 주님을 송축하는 것은 하나님께 신령과 진정으로 감사와 찬양을 드리는 경건한 예배입니다. 그래서 다윗은 우리에게 여호와를 송축하되, 무엇보다도 영혼으로 여호와를 송축해야 하며, 내 속에 있는 것으로 여호와를 송축하라고 하는 것입니다(1절). 이것은 여호와를 송축하되 영적으로, 종교적으로 찬양하여야 하며, 형식적이 아니라 마음과 뜻과 성품을 다하여 찬양해야 한다는 것입니다.

그러면 우리는 왜 여호와를 송축하여야 합니까?

첫째, 우리의 모든 죄악을 사하여 주시기 때문입니다. (3절)

사람들은 누구든지 원죄를 가지고 태어나는데, 원죄란 아담이 하나님 앞에 불순종하므로 지은 죄입니다. 원죄가 시간과 공간적으로 나와는 무관한 것 같으나 아담은 인류의 대표자로서 아담의 죄는 곧 우리의 죄가 되었습니다. "내가 죄악 중에 출생하였음이여 모친이 죄 중에 나를 잉태하였나이다"(시 51:5)라는 말씀처럼 내 의지와는 상관없이 죄인으로 출생하는 것입니다. 그런데 이것은 예수님의 십자가 보혈을 통하여 구속이 되었습니다.

또한 우리는 누구나 살아가면서 부지중에 실수로 어쩔

수 없이 이런저런 죄(자범죄)를 지으며 살아갑니다. 그래서 사도 바울은 "의인은 없나니 하나도 없으며"(롬 3:1)라고 증거하고 있습니다. 그런데 죄는 기쁨을 빼앗아가고, 행복을 무너뜨리기 때문에 우리에게 삶에 대한 두려움과 근심과 걱정을 가져다 줍니다. 그런데 우리의 선행이나 공로로는 나의 죄를 가리우거나 용서받을 수 없지만 하나님은 우리를 위하여 십자가에 달리신 예수 그리스도를 통하여 우리의 죄를 사하여 주십니다.

둘째, 모든 병을 고쳐 주시기 때문입니다. (3절)

하나님을 송축하면 건강이 따라옵니다. 내 모든 병이 고침받습니다. 오늘날 의학이 많이 발달은 하였지만 의사가 고칠 수 있는 병보다 고칠 수 없는 병이 더 많다고 합니다. 그래서 창조주 하나님께서 고쳐주시지 않으면 아무리 첨단 의술이라도 소용이 없습니다. 오직 하나님만이 내 병을 고치시는 것입니다. 왜냐하면 여호와 하나님은 모든 병을 고쳐 주시기를 원하시며, 고쳐주시기를 기뻐하시기 때문입니다.

"오라 우리가 여호와께로 돌아가자 여호와께서 우리를 찢으셨으나 도로 낫게 하실 것이요 우리를 치셨으나 싸매어 주실 것임이라" (호 6:1)

"하나님은 아프시게 하시다가 싸매시며 상하게 하시다가 그 손으로 고치시나니 여섯가지 환난에서 너를 구원하시며…" (욥 5:18)

"믿음의 기도는 병든 자를 구원하리니 주께서 저를 일으키시리라" (약 5:15)

"예수께서 모든 도시와 마을에 두루 다니사 그들의 회당에서 가르치시며 천국 복음을 전파하시며 모든 병과 모든 약한 것을 고치시니라" (마 9:35)

셋째, 내 생명을 파멸에서 구속하시기 때문입니다. (4절)

하나님은 우리의 체질을 아십니다.(시 103:14) 우리의 몸이 흙으로 지어졌고, 죽으면 다시 흙으로 돌아갈 존재(창 2:7; 3:19; 전 12:7)로서 쉽게 낙심하고 죄의 미혹을 쉽게 받는 연약한 존재임을 아십니다. 그래서 우리가 비록 멸망의 길로 줄달음칠지라도 영생으로 인도하여 주십니다. 이처럼 하나님은 우리가 이 세상 어디에 있을지라도 내 생명을 파멸에서 건져주시고 인자와 긍휼로 축복의 관을 씌워주셔서 실패와 멸망의 자리에서 승리와 생명의 자리로 인도하십니다.

넷째, 좋은 것으로 소원을 만족케 하사 독수리 같이 새롭게 하시기 때문입니다. (5절)

사람마다 각기 소원이 있습니다. 그런데 자비로우신 하나님은 좋은 것으로 소원을 이루어 결국 성도들에게 만족케 하시며 독수리같이 새롭게 하십니다. 독수리가 해마다 털갈이를 하면서 자신의 낡은 깃털을 완전히 떨쳐 버리고, 튼튼한 깃털로 새롭게 무장하듯, 하나님은 우리를 언제나 우리가 강건하게 살아가도록 독수리같이 새롭게 해 주신다는 것입니다.

이사야 40장 31절 말씀에서도 "오직 여호와를 앙망하는 자는 새 힘을 얻으리니 독수리의 날개치며 올라감 같을 것이요 달음박질하여도 곤비치 아니하겠고 걸어가도 피곤치 아니하리로다"라고 했습니다.

사랑하는 성도 여러분!

시편 103편은 다윗이 쓴 찬양시로서 자신이 체험한 하나님의 구원의 능력과 긍휼과 자비에 대해 합당한 감사와 찬양을 돌릴 것을 촉구합니다.

태초 아담의 타락과 범죄 이래 인간은 각자의 원죄와 자범죄로 '하나님의 형상'을 상실한 결과 하나님과의 영적인 관계에 문제가 생김으로써 현재와 같은 비극적 삶을 살고 있는 것이 구속사적 현실입니다. 그러나 인자와 긍휼이 크신 여호와 하나님은 이러한 구속사적 현실을 방치하지 아니하시고 인간에게 태초부터 언약으로 주신 예수 그리스도를 통해 태초부터 종말시까지 연속되는 구속사를 지금도 진행하고 계십니다. 그러므로 하나님의 절대 주권에 의한 구속사적 은총으로 말미암아 구원받은 우리 성도들은 다윗이 받은 모든 은택이 오늘의 우리에게도 동일하게 주어지는 하나님의 선물임을 깨닫게 됩니다.

바라기는 우리 모두 하나님과 맺어진 구속사적 관계성 안에서 날마다 여호와를 송축하며 기쁨으로 감사와 찬양을 하나님께 돌려드리시길 축원합니다.

○ 권득칠 목사(루터대학교 前총장)

○ 독일 레겐스부루그 대학 철학박사(조직신학)

○ 루터대학교 신학과 교수 역임

○ 천안루터교회 담임목사 역임

영원한 '아이온케드로스콰이어'
– 임동진 목사님 글

할렐루야~

하나님 우리 아버지께서 오셔 이 땅에 2025년을 지나게 하시고 '아이온케드로스콰이어' 6회 찬양제를 허락하심에 우리 모두 감사드립니다.

작금의 현실로 대한민국을 포함한 지구촌 곳곳에 거짓의 영이 너울거리며 광란의 춤을 추고 있는 이때 '하나님 나라의 정의와 공의를 지키고자 하나님 앞에 찬양으로 무장된 '케드로스콰이어'의 만년 소녀들을 여전사로 세우시어 천부께 찬양으로 영광을 올리오니 이 땅에 아름다운 평

화의 은총을 허락하실 줄 믿습니다.'

 나아가 오늘까지도 마음과 뜻을 하나로 하여 '케드로스 콰이어'의 맥을 이어오신 하나님의 따님과 식을 줄 모르는 열아홉 순정의 설렘으로 항상 주님 앞에 서 계신 조영숙 지휘자 권사님께 '하나님 우리 아버지와 주 예수 그리스도로부터 오는 은혜와 평강이 가득 넘치기를 먼 곳에서 축원해 드리옵니다.'

 – 이 백성은 내가 나를 위하여 지었나니 나를 찬송하게 하려 함이니라
 (사 43 : 21)

독창과 합창이 다르다
- 이하준 목사님 글

　　　　독창과 합창이 다르다는 사실을 잘 아시죠? 독창은 나 혼자 잘 부르면 됩니다. 다른 사람 신경 쓸 일 없습니다. 합창은 그게 아닙니다. 나 혼자 잘 부른다고 되는 게 아닙니다. 오히려 내 목소리가 돋보이고 튀면 안 됩니다. 여러분 중에는 음악을 전공하거나 음악에 조예가 깊은 분이 계셔서 제가 감히 말씀드리기 조심스럽지만 음악에 전문성이 없어도 상식적으로 누구나 아는 사실입니다. 뛰어난 성악가들만 골라서 모아놓은 합창단이 오히려 훨씬 지휘하기 어렵다고 합니다. 저마다 자기 목소리를 내려고 하거나 내 목소리를 돋보이게 하려 들면 합창은 망치는 거니까요. 평상시에 늘 독창을 하던 솔리스트들은 다른 사람과 하모니나 조화를 이룰 필요가 없었기에 합창을 하면 내 목소리도, 목소리의 볼륨이나 톤도, 이 모든 것을 다른 사람과 맞춰나가야 합니다.

기억하십시오! 하나님 나라는 독창이 아니라 합창입니다. 교회는 독창이 아니라 합창입니다. 하모니(harmony)가 제일 중요합니다. 내 목소리가 튀어나오면 안 됩니다. 다른 사람과 조화를 이루어야 합니다. 내 목소리나 주장만이 아닌 다른 사람의 목소리나 주장도 귀담아 들어야 합니다. 각자 다른 목소리와 생각이 하나로 모아지도록 힘써야 합니다. 이게 바로 '하나님 나라의 하모니'입니다. 또한 서로 다른 목소리와 다른 힘이 하나가 될 때 단순한 합 이상의 능력이 나타남을 기억하십시오. 1+1=2가 아니라 5가 될 수도, 10, 100도 될 수 있습니다. 공동체가 하나 될 때 하나님은 그 공동체 위에 능력과 축복을 더해주십니다. '보배로운 기름'처럼, '헐몬의 이슬'처럼 풍성한 은혜와 복을 더하여 주십니다. 그래서 연합은 단순한 동거가 아닙니다. 단순히 형제들을, 사람들을, 성도들을 한데 모아놓는다고 연합이 되는 게 아닙니다. 형제가 동거하며 연합하면 거기에는 위대한 하나님 나라의 시너지(synergy)가 일어나게 됩니다. 이게 바로 오늘 본문인 시편 133편의 메시지입니다. 사랑하는 신촌의 가족 여러분! 연합의 가치는 이와 같이 아름답습니다. 형제들이 하나 되어 살아가는 것은 하나님 보시기에 매우 선하고 아름답습니다. 이것이 하나님의 뜻이고 하나님의 기쁨이 되는 일입니다. 그러므로 연합은 하나됨을 넘어, 하나님의 풍성한 축복이 들어오는 통로가 됩니다.

예가교회 그날 이후
– 김용원 목사님 글

평소 존경하는 조영숙 권사님께서 쓰신 바로 앞전 책 '만남'에 내가 쓴 '개척교회를 꿈꾸며"라는 글이 실린 일이 있다. 권사님께서 이번에 낼 당신의 책에서 예가교회의 최근의 근황을 싣고 싶으니 알려달라고 하셨다. 한마디로 개척교회는 세상에서 가장 약한 '을'이었다. 적은 인원들과 예배드릴 때마다 조급한 생각을 버리자며 마음을 다잡는다. '개척교회에 나와서 이렇게 청소하는 것도 주님께서 기뻐하실 것'이라며 스스로를 위로한다. 그동안 손놓고 놀지 않았다. 적은 숫자지만 교회 식구들과 정성껏 예배드린다. 금요일에는 일산 동구 소재 요양원에 가서 믿지 않는 어르신들을 찾아가 주중예배와 절기가 되면 세례와 성찬을 행한다. 그동안 어르신 20명과 청년 1명에게 세례를 베풀었다. 돌아보면 짧은 기간이었지만 스스로 대견하다. 초교파 신우회 한 팀이 교회에 모여 정기적으로 수요예배를 드린다. 주님을 생각하면 늘 죄송하고 부끄럽다. '복음'이라는 보물을 거룩하고 능력 있게 전하지 못한다는 생각에서다. 힘들 때마다 견디고 승리하신 주님을 생각한다. 그리고 또 한 사람을 생각하면 절로 힘이 난다. 아흔을 넘긴 연세에도 아직 왕성하게 글을 쓰고 합창과 지휘를 하면서 종횡무진 날아다니시는 조영숙 권사님이 바로 그 주인공이다. 한때 나는 권사님을 목각인형 피노키오나 무엇에 신들린 빨간 망토를 걸친 마법사라고 생각했다. 그러다가 지난번 서울 신촌교회에서 있었던 아이온케도로스콰이어 연주회에 응원하러 갔다가 지휘하시는 권사님의 퍼머한 머리와 인상을 보는 순간 베토벤의 얼굴이 오버랩 되었다. 나로서는 권사님을 정의 내릴 수도, 알 수도 없다. 지치지도 않는 AI와도 같은 권사님 앞에 서면 너절한 내 삶의 변명거리들은 모두 엄살일 뿐이다. 머지않아 권사님의 100수 기념 연주회가 그려진다. 그날은 대한민국을 넘어 세계 최고령의 현역 지휘자가 탄생하는 셈이다. 나는 인간 승리의 그날이 오기를 진심으로 기도한다. 조영숙 권사님은 우리 모두의 희망이다.

하나님의 은혜로 걸어온
새빛교회 10년의 여정
– 김용수 목사님 글

2015년 3월 8일 양주시 백석읍 꿈나무로 305, 4층에서 세상의 빛이 되길 소망하며 작은 믿음의 공동체 새빛교회가 창립되었습니다.

그리고 2020년 1월 1일 신년 새벽기도회 중 교우들의 90%가 '성전건축'을 기도 제목으로 올릴 만큼 모두의 간절한 소망이 하나로 모아졌습니다. 부담도 컸지만 오직 주님만 바라보며 본격적인 부지매입을 위한 기도가 시작되었습니다.

2021년 6월 25일 하나님의 은혜로 교회부지를 매입하였습니다. 이듬해인 2022년 4월 24일에는 교회부지 옆 김성순 권사님의 집터에 비닐하우스를 설치하고 임시 예배처로 이전 하였습니다.

여름에는 무더위 속에 단 하나의 컨테이너와 비닐하우스 안에서 예배드리는 시간은 마치 광야학교와도 같았습니다. 문화재 보존지역으로 지정된 터였기에 유물 발굴 조사만 해도 기본 6개월, 때로는 재정 부족으로 공사가 멈추는 시간도 있었습니다.

이웃에 방해가 될까 봐 저녁 모임도 삼가며 송구영신 예배조차 산장을 빌려 예배를 드릴 수밖에 없었던 시절이었습니다. 그러던 중 마침내 2023년 8월 22일 건축허가를 받게 되었고 그 기다림 끝에 2025년 4월 27일 별관을 먼저 건축하여 새빛교회 창립 10주년 감사 예배를 드릴 수 있었습니다.

이날 예배에는 교우들의 오랜 인내와 기도, 그리고 하나님의 신실하신 인도하심에 감격하며 주님께 영광을 돌렸습니다. 기쁨의 자리에는 오창학 목사님 부부와 조영숙 권사님께서 먼 길을 마다하지 않으시고 참석해 주셔서 은혜로운 특송과 귀한 주님 말씀으로 섬겨주셨습니다.

열악한 교통 여건 속에서 마다하시지 않고 달려오셔서 들려주신 찬양은 마치 하늘나라 찬양대를 보는 듯한 감동으로 예배로 가득 채웠습니다.

이제 본관 건축이라는 믿음의 여정이 남아 있습니다. 그러나 우리는 확신합니다. 지금까지 우리를 인도하신 주께서 앞으로의 길도 신실하게 열어 가실 것입니다. 축하와 중보의 기도로 함께해 주신 모든 분과 더불어, 새빛교회는 세상의 참된 빛으로 더욱 담대히 전진해 나아가겠습니다.

- 너희는 세상의 빛이라 (마태복음 5:14)
오직 주님께 모든 영광을 올려드립니다.

창립 당시 새빛교회 모습

김용수 목사 부부, 오창학 목사 부부와 함께

성령을 받으라 (요한복음 20:19~23)
– 이은재 부목사 님 글(신촌교회)

팀 호잇의 이야기를 여러분에게 소개하려고 합니다. 아들 릭은 태어날 때 목에 탯줄이 감기는 바람에 뇌성마비를 앓게 되었습니다. 의사와 주변 친지들은 그 아이를 보육기관에 보내라고 권고했지만, 부모인 딕과 리즈는 릭을 다른 아이와 동일하게 키우기로 결심합니다. 어느덧 릭이 고등학생이 되었는데요, 장애인들을 위한 5마일 달리기가 열린다는 소식을 들은 릭은, 아버지 딕에게 함께 달릴 수 있겠느냐고 물었습니다. 아버지는 아들을 휠체어에 태우고 밀고 달려서 경주를 완주했습니다. 결승점을 통과하는 순간, 아들이 그렇게 기뻐하는 표정을 본 것은 17년 만에 처음 있는 일이었습니다. 그 후로 아버지 딕이 어떻게 했을까요?

아버지 딕과 아들 릭은 1977년부터 2016년까지 40년간 마라톤 대회 72개에 참가했습니다. 아버지 딕이 수영과 자전거를 배운 후에는 철인 3종 경기까지 모두 1,130개 대회를 완주했습니다. 1992년에는 45일에 걸쳐 자전거와 달리기로 6,010km에 달하는 미국 대륙을 횡단하기도 했습니다. 어느 인터뷰에서 아버지 딕은 이런 질문을 받습니다. "도대체 무슨 힘이 당신으로 하여금, 아들과 함께 그토록 줄기차게 뛰게 만드나요?" 그가 대답합니다. "내가 아들을 미는 것이 아니라 아들이 나를 끌고 가는 것입니다."

고되고 힘든 일을 이겨낼 수 있는 힘은 사랑의 관계 속에서 나옵니다. 아버지 딕 호잇이 아들 릭 호잇을 사랑했기 때문에, 함께 뛰면서 아들의 행복한 모습을 보는 것이 가치 있다고 생각했습니다. 아들의 기쁨이 곧 아버지의 기쁨이었지요. 그래서 그는 이 일이 고되고 힘들다고 생각하지 않았습니다. 그래서 그의 입에서 "내가 아들을 미는 것이 아니라 아들이 나를 끌고 간다"고 말한 것입니다. 뇌성마비인 아들이 무슨 힘으로 아버지를 끌어당겼을까요? 그 힘의 원천은 사랑이었습니다. 아들을 사랑했더니 없던 힘이 생기는 것이지요.

저는 성령충만한 사람의 모습이 이와 같으리라고 생각합니다. 이 세상 속에서 예수님을 잘 믿으며 제자로 살아가는 것, 다른 사람을 더 사랑하기 위해 손해 보고, 희생하며 살아가는 것, 용서의 복음을 전하기 위해 먼저 용서하는 사람이 되는 것은 쉬운 일은 아닙니다. 하지만, 그 일을 기쁘게 행할 수 있는 힘을 우리에게 주시는 분이 성령님이십니다. 아버지 딕의 대답처럼, 우리가, 내 힘으로 무언가를 밀고 가는 게 아니라, 우리를 끌고 가시는 성령님의 능력을 경험하는 것입니다. 지혜의 영이신 성령님께서 우리와 함께 하셔서, 우리가 이미 받은 큰 사랑을 깨닫게 하시고, 그래서 우리가 사랑의 빚진 자임을 깨닫게 하실 때, 우리의 사랑의 지경이 넓어질 것입니다. 내가 내 힘으로는 도저히 사랑할 수 없던 사람을, 사랑해낼 수 있게 될 것입니다.

사랑으로 하나 되게 하시는 성령님의 역사 가운데, 연약한 우리가 더 큰 사랑의 사람이 되어가고, 연약한 우리가 세상에 나아가 예수님의 향기를 드러낼 수 있게 될 것입니다. 그리고 이 일 가운데, 성령님께서 동행하시리라 믿습니다.

– 2025년 6월 8일 성령강림주일 주일설교 중 발췌 –

주님을 따를 수 있는가?
— 홍인철 목사님 글

하나님 아버지와 우리 주 예수 그리스도로부터 오는 은혜와 평강이 여러분과 함께 하시길 바랍니다.

오늘 복음서 말씀을 보겠습니다. 오늘 본문은 크게 세 가지 이야기를 다룹니다. 첫째는 예루살렘 행을 결심하신 예수님, 둘째는 주님은 거부하는 사마리아인들 그리고 셋째는 나를 따르라는 주님의 말씀입니다. 예수님은 오늘 본문을 통해서 우리에게 무엇을 가르쳐 주실까요? 말씀을 통해서 살펴보겠습니다.

예루살렘행

오늘 본문은 이렇게 시작합니다. "예수께서 승천할 기약이 차가매 예루살렘을 향하여 올라가기로 굳게 결심하시고" 이 말씀은 무슨 뜻일까요? 여기서 승천하실 기약은 단순히 주님이 하늘로 올라가심을 말하지 않습니다. 승천의 모든 과정을 뜻하죠. 그 과정은 무엇일까요?

예수님은 먼저 백성들에게 복음을 전하셨습니다. 그리고 **누가복음 9장 22절** 말씀처럼, "인자가 많은 고난을 받고 장로들과 대제사장들과 서기관들에게 버린 바 되어 죽임을 당하고 제 삼 일에 살아나야"하는 것입니다. 즉, 승천은 백성들에게 복음을 선포하신 주님이 그들에게 고난받고, 버림받고, 죽임 당하고, 삼 일 후에 부활하셔야 이루어집니다.

그렇다면 주님이 전하실 복음은 무엇일까요? 예수님은 광야에서 시험을 받으신 후에 나사렛 회당에서 이런 말씀을 하셨습니다.

"주의 성령이 내게 임하셨으니 이는 가난한 자에게 복음을 전하게 하시려고 내게 기름을 부으시고 나를 보내사 포로 된 자에게 자유를, 눈먼 자에게 다시 보게 함을 전파하며 눌린 자를 자유롭게 하고 주의 은혜의 해를 전파하게 하려 하심이라." (누가복음 4:18~19)

이것이 바로 누가복음이 전하는 주님의 기쁜 소식입니다. 지난주 말씀 기억하시죠? 예수님은 거라사에 가셨습니다. 그곳은 로마 제국의 군대로 인하여 황폐해진 땅이죠. 주님은 그곳에서 수천의 귀신과 쇠사슬에 얽매인 사람을 구원하셨습니다. 예수님은 오랫동안 포로처럼 살아온 그에게 자유를 주셨죠. 그 사람은 주님의 은혜를 온 성내에 전할 수 있는 은혜를 얻었습니다.

즉, 오늘 예수님은 예루살렘으로 가는 길에 이런 복음을 전하시려고 굳게 결심하셨습니다. 여기서 "굳게 결심하시고"라는 말을 좀 더 살펴보겠습니다. 헬라어 성경을 직역하면, "예루살렘을 향하여 주님의 얼굴을 고정시켰다"고 말할 수 있습니다. 이사야 50장 7절을 보면 이와 비슷한 말씀이 있습니다. 이렇게 기록되어 있습니다.

"주 여호와께서 나를 도우시므로 내가 부끄러워하지 아니하고 내 얼굴을 부싯돌 같이 굳게 하였으므로 내가 수치를 당하지 아니할 줄 아노라."

무슨 뜻이죠? 선지자가 하나님의 말씀을 선포할 때는 항상 고난과 핍박을 받습니다. 왜냐하면, 백성들의 죄를 들춰내기 때문이죠. 하지만 피할 수 없습니다. 그들이 가리고 숨겨둔 죄를 드러내야 고백하고 하나님께 용서받을 수 있기 때문입니다. 하지만 사람들은 이런 것을 원하지 않습니다. 자기 죄를 숨겨둔 채로 용서받길 원하죠. 하지만, 이사야 선지자는 부싯돌같이 부딪치고, 깨진다고 할지라도 하나님의 말씀을 선포하기로 결심합니다.

오늘 예수님도 이와 같은 마음으로 예루살렘에 갑니다. 그곳에서 하나님의 말씀을 선포하면 고난 받고, 버림받고, 죽임 당할 것도 압니다. 하지만 그 고난 뒤에 부활하실 것을 믿으시기 때문이죠. 무엇이 부활하죠? 예수님만 부활할까요? 아니요, 그동안 사람들이 미처 몰랐던 올바른 신앙이 부활합니다. 그래서 예수님은 복음을 전하기 위해서 예루살렘으로 갑니다.

우리도 이런 결심을 하면 어떨까요? 하나님의 사랑과 은혜를 전하다가 고난 받고, 버림받고, 죽을 것 같이 힘들어도 포기하지 않고 주님의 은혜와 사랑을 전하는 열린문교회 되길 우리 주 예수 그리스도의 이름으로 축원합니다.

사마리아

이에 주님은 몇 명의 제자를 사마리아로 보냅니다. 제자들을 왜 사마리아로 보내셨을까요? 지금 예수님이 계신 갈릴리에서 예루살렘으로 가는 지름길이 사마리아를 통과하는 겁니다. 그런데 사마리아에 가신 또 다른 이유가 있습니다. 우리는 지난주부터 이방인에게 복음을 전하는 주님을 계속 만나고 있습니다. 왜 이런 본문이 반복될까요?

성령강림절 사건을 기억하시길 바랍니다. 이날 베풀어진

가장 큰 은혜는 무엇이죠? 사도들이 방언의 은사를 얻고 외국에서 온 유대인들에게 세례를 베푼 것이죠. 이것을 요약하면 뭐라고 말할 수 있을까요? 성령께서 갈라지고 쪼개진 믿음의 백성들을 하나로 만들어 주셨다고 할 수 있습니다. 그 다음주에 어떤 말씀이 선포됐죠? 성삼위일체 하나님에 대한 본문을 살폈습니다. 그때 제가 페리코레시스라는 단어를 설명해 드렸죠.

페리코레시스가 무슨 뜻인지 기억하시죠? 서로 손을 잡고 빙글빙글 돌면서 노래하고 춤을 춘다는 뜻입니다. 즉, **"서로 다른 사람들이 모여서, 한마음 한뜻을 마음에 품고 온전히 하나가 됨"** 을 가리키죠. 이 사람들은 어떻게 하나가 될 수 있을까요? 그것은 바로 하나님께서 베풀어 주시는 사랑입니다. 하나님 사랑의 힘으로 다른 사람들과 하나가 되는 것이죠. 그래서 주님은 지난주에 유대인들이 가장 경멸하는 이방인의 땅, 거라사에 가셔서 복음을 선포하셨습니다. 그리고 오늘 예수님은 사마리아 사람들과 손을 맞잡으려고 하시죠.

하지만 53절 기록처럼, 사마리아는 주님을 거부합니다.

왜 거부하죠? 예수님이 예루살렘에 가시기 때문이죠. 이게 거부할 이유가 될까요? 충분합니다. 사마리아인들에게 예수님은 유대인이죠. 그들은 유대인이 예루살렘에 갈 때 사마리아를 지나가는 것을 용납하지 않습니다. 왜 용납하지 않을까요? 아주 오래 전부터 시작된 유대인과 갈등이 있기 때문이죠.

원래 유대인과 사마리아인은 모두 아브라함의 후손입니다. 피를 나눈 형제라는 뜻이죠. 출애굽 이후 가나안을 정복할 때도 힘을 모아 그 땅을 차지했습니다. 그런데 솔로몬 사후 예루살렘 중심의 남유다 왕국과 사마리아 중심의 북이스라엘 왕국으로 갈라집니다. 이때부터 두 나라의 갈등이 시작됐습니다. 주전 6세기, 바벨론에서 귀환한 유대인은 예루살렘 성전을 재건합니다.

이때 사마리아인들이 도와주겠다고 나섭니다. 하지만 유대인은 그들을 거부합니다. 왜요? 약 백 년 전 앗수르가 북이스라엘을 멸망시킬 때 북이스라엘 백성을 다른 민족과 강제로 결혼시킵니다. 그렇게 북이스라엘은 이방인의 피와

종교가 섞인 채로 이스라엘 정체성을 잃어버립니다. 그래서 순수혈통을 간직한 채 바벨론에서 돌아온 유대인은 그들을 경멸합니다.

이때부터 종교적-사회적 갈등이 생깁니다. 사마리아는 그리심산에 그들만의 성전을 세웁니다. 이후 유대인은 그 성전을 파괴하고, 사마리아인은 유대인을 무참히 살해합니다. 예수님이 태어나기 몇 년 전, 사마리아인이 예루살렘 성전에 시체 뼈를 뿌린 적도 있습니다. 그렇게 유대인과 사마리아인은 몇백 년 동안 서로를 저주하며, 영생에서 벗어나게 해달라고 하나님께 기도합니다. 이것이 바로 요한복음 4장 9절이 전하는 유대인과 사마리아인이 서로 상종하지 않는 이유입니다.

야고보와 요한의 분노-보아너게, 우레의 아들

이에 야고보와 요한이 이런 말을 하죠. "주여! 우리가 불을 명하여 하늘로부터 내려 저들을 멸하라 하기를 원하시나이까?" 역시 둘은 보아너게, 곧 우레의 아들답게 성격이

불같습니다. 그들은 예수님을 거부한 사마리아에 천벌을 내리려고 하죠. 열왕기하 1장을 보면 엘리야도 하늘에서 불을 내려 사마리아 군대를 멸한 적이 있습니다.

그런데 두 사람은 왜 이런 생각을 할까요? 이것이 바로 유대인들이 원하는 하나님 나라입니다. 유대인은 하나님을 거부하는 사람, 우상을 섬기는 사람을 장작처럼 불태우고, 하나님만 믿고 따르는 순결한 백성으로 가득 찬 곳이 천국이라고 생각합니다. 그런데 이런 생각이 성경적이며 올바른 생각일까요? 완전히 잘못된 생각이죠.

하나님 나라는 그런 곳이 아닙니다. 만약에 천국이 그렇게 파괴적인 곳이라면, 예수님을 거부했던 사람들, 곧 주님의 고향 나사렛 사람들과 거라사 사람들은 이미 사라지고 없겠죠. 그뿐만이 아닙니다. 지금도 하나님을 믿지 않는 사람들도 살아남을 수 없습니다. 하지만, 하나님 나라는 그런 곳이 아닙니다. 그래서 예수님은 그들을 꾸짖습니다.

"꾸짖는다"라는 말을 좀 더 살펴볼까요? 무슨 뜻이죠?

굉장히 엄하게 혼내셨다는 뜻입니다. 복음서에 이 단어는 백성을 괴롭히는 귀신이나 병을 쫓아낼 때 주님이 쓰던 단어입니다. 이런 말을 제자들에게 사용하심은 무엇을 뜻할까요? 자칭 예수님의 제자라고 하는 사람들이 편견과 흑백논리에 갇혀서 이웃의 생명을 경시하기 때문이죠. 생명을 경시하는 것은 생명의 주관자이신 하나님을 무시하는 겁니다. 하나님은 살인하지 말라고 분명히 말씀하셨습니다.

55절을 보면, 생략된 말씀이 있는데요. 제가 그것을 읽어드리겠습니다.

"이르시되 너희는 무슨 정신으로 말하는지 모르는구나 인자는 사람의 생명을 멸망시키러 온 것이 아니요 구원하러 왔노라."

이 말씀은 무슨 뜻일까요? 하나님께 속한 사람은 이런 말을 할 수 없습니다. 제자들은 지금 다른 정신 다른 영에 속해서 헛소리하고 있다는 겁니다. 마치 거라사의 귀신 들린 사람처럼 당신과 나는 아무 상관이 없다고 하는 것이죠.

주님은 이 숨겨진 말씀을 통해서 분명히 말씀하셨습니다. 유대인이 버린 사마리아를 구원하려고 오셨다고 선포하셨습니다. 그들에게 하나님의 은혜와 생명을 주시려고 오셨습니다. 누가복음 19장 10절 말씀처럼 주님은 "잃어버린 자를 찾으러 오셨습니다." 예수님은 유대인이 잃어버린 형제를 찾기 위해서 기름 부음을 받으셨습니다. 그리고 고난 받는 것과, 버림받는 것, 죽임 당하는 것을 두려워하지 않으셨습니다. 왜냐하면, 주님은 한 마리 잃어버린 양을 찾으러 오신 우리의 목자이시기 때문이죠.

이런 곳이 천국입니다. "가난한 자에게 복음이 선포되고, 포로가 된 자가 자유를 얻고, 눈먼 자가 다시 보게 되고, 눌린 자가 자유롭게 되는 곳이 천국입니다."

우리 교회도 천국 같은 곳이 되길 바랍니다. 잃어버린 형제를 찾아가는 교회, 우리와 믿음이 다른 이에게 하나님의 말씀을 전하는 교회, 죽어가는 이들에게 생명을 주는 교회, 하나님의 복음을 전할 때 다가오는 박해를 두려워하지 않고 부활을 소망하는 천국 같은 교회가 되길 주님의 이름으로 축원합니다.

다음 말씀 보겠습니다. 주님이 다른 마을로 가실 때, 어떤 사람이 이런 말을 합니다. '어디로 가시든지 나는 따르리다.' 예수님은 그에게 이렇게 대답하시죠. "여우도 굴이 있고, 공중의 새도 집이 있으되 인자는 머리 둘 곳이 없도다."

이 사람은 누굴까요? 마태복음은 이 사람을 서기관이라고 기록합니다. 누가복음은 이 사람의 정체를 숨깁니다 다만 알 수 있는 것은 예수님을 따르기로 결심한 사람이라는 것이죠. 즉, 이 사람은 주님의 제자가 되길 원하는 사람이죠. 하지만 조금 전까지 제자들은 예수님을 따르려고 하지 않았습니다. 진정으로 주님을 따르길 원한다면 어떻게 해야 할까요? **누가복음 9장 23절 말씀처럼 자기를 부인하고 날마다 제 십자가를 지고 주님을 따라가야 합니다.** 즉, 죽어가는 영혼을 살리기 위해서 주님처럼 자기 생명을 바쳐야 합니다.

하지만 문제가 있습니다. '한 사람, 한 영혼을 살리고 구원하는 길'은 예수님 말씀처럼 전혀 쉽지 않습니다. 주님은 그에게 이런 말씀을 하셨죠. "여우도 굴이 있고 공중의 새도 집이 있으되 인자는 머리 둘 곳이 없도다."

이 말씀처럼 누군가의 영혼을 구원하려는 사람은 자기 머리 둘 곳을 포기해야 합니다. 하지만 자기 머리, 자기 생명을 소중히 여기는 사람은 주님을 따를 수 없습니다. 그래서 주님은 이런 말씀을 하셨죠. **"누구든지 제 목숨을 구원하고자 하면 잃을 것이요 누구든지 나를 위하여 제 목숨을 잃으면 구원하리라."**

여러분은 이웃을 구원하기 위해서 주님처럼 머리 둘 곳을 포기할 수 있으신가요? 누군가를 위해서 여러분의 생명을 바칠 결심을 하셨나요? 아멘이라고 대답하시길 바랍니다. 그리하면 주님께서 반드시 구원해 주실 겁니다.

다음 말씀 보겠습니다. 주님은 "나를 따라오라"라며 다른 이를 부르셨습니다. 하지만 그 사람은 아버지의 장례를 치른 후에 따르겠다고 주저합니다. 주님은 그에게 이렇게 말씀하셨습니다.

"죽은 자들로 자기의 죽은 자들을 장사하게 하고 너는 가서 하나님의 나라를 전파하라."

왜 장례를 치르지 못하게 하실까요? 가족을 외면하라는 뜻일까요? 그렇지 않습니다. 여기서 예수님이 강조하시는 것은 주님을 따르는 길, 즉 죽어가는 사람을 살리려면 우리가 무엇을 먼저 선택해야 하는지 가르쳐 주시는 겁니다. 한 영혼을 구원하려면 다가오는 하나님 나라를 전파하는 일을 게을리해서는 안 됩니다. 세상에 속한 존재는 모두 죽습니다. 하지만 하나님 나라는 그 존재를 살리는 나라입니다. 우리는 하나님이 죽음도 통치하심을 알고 있습니다. 그러니 죽은 존재는 하나님께 맡기고, 죽어가는 존재를 살리는 일에 집중하는 길이 제자의 길입니다.

이때 가족들과 작별인사를 하고 주님을 따르겠다는 사람도 있죠. 주님은 그에게 이렇게 말씀하셨습니다.

"손에 쟁기를 잡고 뒤를 돌아보는 자는 하나님의 나라에 합당하지 아니하니라."

 무슨 뜻이죠? 소에 매단 쟁기 잡은 사람은 앞만 봐야 합니다. 그 길에 집중해야 합니다. 뒤를 돌아보면 그 길은 삐뚤어집니다. 처음부터 다시 시작해야 합니다. 주님을 따르는 사람도 마찬가집니다. 옛날로 돌아가면 안 됩니다. 주님을 만나기 전으로 돌아가면 안 됩니다. 하나님께 죄를 고백하고 용서받기 전으로 돌아가면 안 됩니다. 자기 머리 둘 곳을 걱정하면 안 됩니다. 아버지의 장례를 걱정할 필요가 없습니다. 왜냐하면, 우리는 사람을 살리기 위해서 주님을 따라가고 있기 때문이죠. 만약에 우리가 다시 돌아온다면 그 사람은 어떻게 될까요? 그 사람은 생명을 잃게 되겠죠.

 이제 말씀을 마칩니다. 오늘 주님은 여러분을 불러주셨습니다. 여러분은 주님의 부르심을 받고 이곳에 오셨습니다. 왜 오셨죠? 단순히 은혜만 받으려고 오신 건 아닐 겁니다. 여러분은 주님의 말씀을 듣고 따르기 위해서 오셨습니다. 주님을 따른다는 말은 '예수님과 함께하는 것, 주님을 본받는 것'입니다. 주님을 따르는 우리에게 지금 필요한 것은 무엇이죠? 우리를 부르신 주님을 향해 가는 것이고, 주님의 말씀을 붙잡고 살아가는 것이며, 죽어가는 영혼을 살리는 주님과 동행하는 것입니다.

이 길은 힘듭니다. 정말 힘듭니다. 더군다나 빨리 가야 합니다. 가족과 작별 인사도 못합니다. 발바닥이 찢어지고, 피가 날 수 있습니다. 때로는 지쳐 쓰러질 때도 있습니다. 지나가는 이에게 도움을 청해도 외면당할 수 있습니다. 가족이 위독하다는 소식을 들어도 집에 못 갑니다. 그래도 뒤돌아보지 않고 주님을 따라갈 수 있으신가요?

바라기는 예수님만 믿고 따라가시기를 바랍니다. 예수님과 함께 안타깝게 죽어가는 영혼을 살려주시길 바랍니다. 주님은 여러분과 함께 이 땅의 모든 백성에게 하나님의 복음을 선포하고 생명을 구원하길 원하십니다. 좌로나, 우로나 치우침 없이, 뒤돌아보지 않고 주님과 함께 세상으로 가셔서 한 생명, 한 영혼을 구원하는 천국의 백성 되시길 우리 주 예수 그리스도의 이름으로 축원합니다.

그리하면 모든 지각 위에 뛰어난 하나님의 평강이 그리

스도 예수 안에서 여러분의 마음과 생각을 지키시리라.
아멘.

| Epilogue |

독자 여러분!

올여름은 여느 여름보다 무덥고 힘든 계절이었습니다.

이제 그 긴 터널을 지나고 산그늘이 시원한 가을을 맞았습니다. 책 읽기 좋은 계절, 자연과 동행하는 계절에 저도 그 계절에 편승하여 수필 제9집을 소개합니다.

글 쓰는 일은 즐겁고, 힘들기도 하지만 나의 하루하루를 음악과 글 쓰기로 인도하시는 주님이 계시기에 춤추듯 즐겁게 보내고 있습니다.

특히 이번 책에 소개하는 몇 편의 글은 '세상에 이런 일이'라고 생각될 만큼 복덩이 막내아들을 얻게 되었고, 미술 전시회를 나를 위해 열고 나 홀로 귀한 작품들을 감상하게 했으니 '세상에 이런 일이' 또 있겠습니까.

 어느 사람도 상상할 수 없는 복둥이 막내아들과의 동심의 놀이는 '세상에 이런 일이'란 TV 프로그램처럼 어색한 듯 자연스럽고, 자연스러운 듯 어색한 일상은 내 생生에 찾아오지 않을 행복입니다.
 이 모두가 주님께서 도움을 주셨으니, 이보다 더 감사하지 않을 수 없습니다.

 주님 감사합니다. 그리고 항상 나이 많은 엄마가 걱정되어 먼 곳에서 하루가 멀다 않고 안부 전화하는 아들딸, 바쁜 시간에도 자주 찾아와 집안일을 돌보는 큰딸 내외께 늘 감사하는 마음입이다.

 그리고 이 책이 출간되기까지 많은 도움을 주신 목사님들, 작가님들, 음악회, 전시회, 기도회까지 초대해 주신 여러분들과 항상 이웃에서 길동무해 주신 분께 감사드립니다.

작가의 어머니, 큰손자와 함께

포항제철 위문공연 상품 전달식(포항제철 임원, 코미디언 故 김희갑 님, 통역 담당관 故 김성수 님 작가의 남편)

아이온케드로스콰이어
제6회 연주회

2025. 9. 6(토) 오후 4:00

열린문루터교회
TEL : 031-274-5331
경기도 용인시 기흥구 원고매로 47-11

인사말

지휘 조영숙
아이온케드로스 콰이어

무더운 여름, 매미들의 힘찬 합창 소리가 마치 '가을이라 가을 바람 솔솔 불어오니' 하는 노래처럼 들려오는 요즘입니다. 시원한 가을을 기다리는 마음으로, 문득 감사와 영광의 고백이 터져 나옵니다.

고령인 제가 이렇게 귀한 아이온케드로스콰이어 제6회 찬양제에 함께할 수 있는 은혜를 허락해주신 주님께 모든 감사와 영광을 올려드립니다. 함께 준비하며 수고해주신 사랑하는 단원 여러분께도 진심으로 감사드립니다.

또한, 여전히 부족한 저와 저희 찬양제를 위해 늘 아낌없는 기도로 함께해 주시는 고문 임동진 목사님과 모든 목사님들께 주님의 이름으로 깊이 감사드립니다.

격려사

고문 임 동 진
아이온케드로스 콰이어
열린문교회 초대목사
극단 예맥 대표

살롬 ~! 아이온케드로스 찬양팀이여~!

나라의 사정도, 매일의 날씨도 화덕만큼이나 뜨거웠던 지난 시간, 오직 하나님을 향한 찬양으로 모든 어려움을 이겨내신 여인들의 정성 어린 제6회 아이온케드로스 찬양제에 바다 건너 멀리서 진심으로 감사의 박수를 보냅니다.

만년 소녀이신 지휘자 조영숙 권사님을 비롯한 모든 단원분들께 하늘의 은총이 늘 가득하시기를 간절히 축원드립니다.

아이온케드로스는 영원하리라!

아이온케드로스콰이어 제6회 연주회
PROGRAM

지휘 : 조영숙   반주 : 이성화

아이온케드로스콰이어

주의 동산으로   곡중 solo Sop. 이영자 Alto. 윤춘자 Bass. 황성광   W. Thompson
주의 종 여기 있나이다   김진용
You Raise Me Up   지휘 : 박장우 Ten. solo 김용훈   R. Lovland

테너 독창 (임학빈)

꽃노래   오페라 "카르멘" 중에서   G. Bizet

소프라노 독창 (송윤재)

'어머니도 아시다시피(Voi lo sapete, o mamma)' 〈카발레리아 루스티카나〉 중   P. Mascagni
무정한 마음(Core'n grato)   S. Cardillo

아이온케드로스콰이어

할렐루야 새 노래로 찬양하라   김두완
하늘의 주   곡중 solo Sop. 이은화 Bass. 조철웅   L.F. Rossi

솔리데오 여성 앙상블

지휘 : 임학빈   반주 : 이성화

주님주신 아름다운 세상   J. Rutter
Shenandoah   Arr. by M. Vance
님이 오시는지   곡중 solo Sop. 이은화   조성은

아이온케드로스콰이어

찬양할 수 있는 은혜   김성균
할렐루야   G. F. Handel

출연진 소개

음악감독 임학빈
아이온케드로스콰이어
솔리데오합창단 지휘

지휘 조영숙
아이온케드로스콰이어

반주 이성화

특별출연

Soprano 송윤재

작곡가 김한준

합창단원 (가나다 순)

Soprano

계명옥 · 김미경 · 김현숙 · 이숙 · 이영자

이은화 · 장연옥 · 정경미 · 최성춘

Alto

강은미 · 윤춘자 · 이영임 · 최영림 · 허종림

Tenor

김용훈 · 김추광 · 임학빈 · 황성광

Bass

박장우 · 이진섭 · 조철웅 · 최규성

인생은 만남에서 길동무로